I0137627

# İNSANLIĞIN MÜTTEFİKLERİ

◆

## BİRİNCİ KİTAP

# İNSANLIĞIN MÜTTEFİKLERİ

◆

## BİRİNCİ KİTAP

◆

### BUGÜN DÜNYADA BULUNAN DÜNYADIŞI VARLIKLARA İLİŞKİN ACİL BİR MESAJ

Marshall Vian Summers

*İLİME GİDEN ADIMLAR:*
*İçsel Bilmenin Kitabı'nın Yazarı*

*İnsanlığın Müttefikleri Birinci Kitap:*
*Bugün Dünyada Bulunan Dünya-dışı Varlığa İlişkin Acil Bir Mesaj*

Telif hakkı © 2001, 2008 Büyük Camia İlim Derneği Tarafından Yayınlanmıştır.
Her hakkı saklıdır.

Darlene Mitchell Tarafından Düzenlenmiştir

Kitap Tasarımı Argent Associates, Boulder, CO ABD
  Reed Novar Summers'ın kapak resmi "Bana göre, kapak resmi, bugün dünyadaki uzaylı varlığını simgelerken siyah küre ve arkasındaki ışık, aksi takdirde göremeyeceğimiz bu görünmez varlığı bize ifşa ederek Dünya'da bulunan bizi temsil ediyor. Dünyayı aydınlatan yıldız, İnsanlığın Müttefiklerini temsil ediyor, bize yeni bir mesaj ve Dünya'nın Büyük Camia ile ilişkisine yeni bir bakış açısı veriyor."

ISBN: *İnsanlığın Müttefikleri Birinci Kitap: Bugün Dünyada Bulunan Dünya-dışı Varlığa İlişkin Acil Bir Mesaj*

NKL POD Version 4.5

Kongre Kütüphanesi Kontrol Numarası: 2001 130786

ESER ORİJİNAL OLARAK İNGİLİZCE YAYINLANMIŞTIR

PUBLISHER'S CATALOGING-IN-PUBLICATION

Summers, Marshall.
  The allies of humanity book one: an urgent message about the extraterrestrial presence in the world today / M.V. Summers
  p. cm.
  978-1-884238-45-1 (English print)          001.942
  978-1-942293-92-7 (Turkish print)
  978-1-884238-46-8 (English ebook)
  978-1-942293-93-4 (Turkish ebook)

                                    QB101-700606

Yeni İlim Kütüphanesi kitapları Büyük Camia İlim Derneği tarafından yayınlanmaktadır. Dernek, Büyük Camia İlim Yolu'nu sunmaya adanmış, kar amacı gütmeyen bir kuruluştur.

Derneğin ses kayıtları, eğitim programları ve hizmetleri hakkında bilgi almak için lütfen internet üzerinden Derneği ziyaret edin veya açık yazın:

THE SOCIETY FOR THE GREATER COMMUNITY WAY OF KNOWLEDGE
P.O. Box 1724   •   Boulder, CO 80306-1724   •   (303) 938-8401
society@newmessage.org
www.alliesofhumanity.org   www.newmessage.org
www.alliesofhumanity.org/tr   www.newmessage.org/tr

*Dünya tarihinde*

*Hem bilinen hem de bilinmeyen*

*Büyük özgürlük hareketlerine adanmıştır.*

# İÇİNDEKİLER

*Bugün dünyada bulunan dünya dışı varlıkla ilgili*

*dört temel soru:*

# Ne oluyor?

# Neden oluyor?

# Bu ne demek?

# Nasıl hazırlanmalıyız?

# ÖNSÖZ

Birinin hayatını değiştiren bir kitap bulmak yeterince alışılmadık bir şey ama insanlık tarihini etkileme potansiyeline sahip bir eserle karşılaşmak çok daha olağanüstü.

Yaklaşık kırk yıl önce, henüz bir çevre hareketi başlamadan önce, cesur bir kadın, tarihin akışını değiştiren son derece kışkırtıcı ve tartışmalı bir kitap yazdı. Rachel Carson'un Sessiz Bahar'ı, çevre kirliliğinin tehlikeleri konusunda dünya çapında bir farkındalık yarattı ve bugüne kadar devam eden aktivist bir tepkiyi ateşledi. Böcek ilacı ve kimyasal toksin kullanımının tüm yaşam için bir tehdit olduğunu kamuoyuna ilk açıklayanlar arasında Carson, akranlarının çoğu tarafından bile alay edildi ve kötülendi, ancak sonuçta 20. yüzyılın en önemli seslerinden biri olarak kabul edildi. Sessiz Bahar hala çevreciliğin temel taşı olarak kabul edilmektedir.

Bugün, aramızda devam etmekte olan dünya dışı bir saldırıya dair yaygın bir kamu bilinci olmadan önce, benzer şekilde cesur bir adam - daha önce gizli bir ruhani öğretmen - gezegen alanımızın ötesinden olağanüstü ve rahatsız edici bir bildiri ile öne çıkıyor. Marshall Vian Summers, İnsanlığın Müttefiki kitabı ile dünya dışı "ziyaretçilerimizin" yasaklanmamış mevcudiyetinin ve gizli eylemlerinin insan özgürlüğü için derin bir tehdit oluşturduğunu tartışmasız bir şekilde ilan eden zamanımızın ilk manevi lideridir. İlk başta, Carson gibi, Summers da kesinlikle alay ve aşağılama ile karşılaşacak olsa da, nihayetinde dünya dışı zeka, insan maneviyatı ve bilincin evrimi alanlarında dünyanın en önemli seslerinden biri olarak kabul edilebilir. Benzer şekilde, İnsanlığın Müttefikleri, türümüzün geleceğini sağlamada çok önemli olabilir - bizi sadece sessiz bir uzaylı istilasının derin zorluklarına uyandırmakla kalmaz, aynı zamanda benzeri görülmemiş bir direniş ve güçlenme hareketini ateşler.

Bu patlayıcı derecede tartışmalı malzemenin kökeninin koşulları bazıları için sorunlu olsa da, temsil ettiği perspektif ve ilettiği acil mesaj en derin düşüncemizi ve kararlı tepkimizi gerektiriyor. Burada, UFO'ların ve diğer ilgili fenomenlerin artan görünümünün, Dünya'nın kaynaklarını tamamen kendi çıkarları için kullanmaya çalışan dünya dışı güçlerin incelikli ve şimdiye kadar karşı konulmamış bir müdahaleden başka bir şey olmadığı iddiasıyla çok makul bir şekilde karşı karşıyayız.

Böylesine rahatsız edici ve çirkin bir iddiaya uygun şekilde nasıl cevap vereceğiz? Carson'un hakaretçilerinin çoğunun yaptığı gibi, onu savıp görmezden mi gelecektik? Yoksa burada sunulanları tam olarak araştırıp anlamaya mı çalışalım?

Araştırmayı ve anlamayı seçersek, işte bulacağımız şey: UFO aktivitesi ve diğer görünen dünya dışı fenomenler (ör. Uzaylı kaçırmaları ve implantlar, hayvan sakatlıkları ve hatta psikolojik "sahiplenme") üzerine son on yıldır dünya çapında yapılan araştırmaların kapsamlı bir incelemesi Müttefiklerin perspektifine ilişkin bol miktarda kanıt sunar; Gerçekten de Müttefiklerin söylemlerinde yer alan bilgiler, araştırmacıları yıllardır şaşırtan konuları şaşırtıcı bir şekilde açıklığa kavuşturuyor ve çok gizemli ama kalıcı kanıtları açıklıyor.

Bu konuları araştırdıktan ve Müttefiklerin mesajının sadece makul değil, aynı zamanda zorlayıcı olduğu konusunda kendimizi ikna ettikten sonra ne olacak? Düşüncelerimiz, kaçınılmaz olarak, bugünkü durumumuzun, yerli halkların kıyılarını ziyaret eden güçlerin karmaşıklığı ve tehlikesini anlayamadığı ve bunlara yeterli bir şekilde yanıt veremediği 15. yüzyılda başlayan Avrupa "medeniyetinin" Amerika'ya girmesiyle derin paralelliklere sahip olduğu şeklindeki kaçınılmaz sonuca yol açacaktır. Etkileyici bir teknoloji sergileyen ve daha gelişmiş ve daha medeni bir yaşam tarzı sunduğunu iddia eden "ziyaretçiler" Tanrı adına geldi. (Avrupalı işgalcilerin "enkarne kötü" olmadıklarını, sadece fırsatçı olduklarını ve ardından kasıtsız bir yıkım mirası bıraktıklarını belirtmek önemlidir.)

Mesele şu: Yerli Amerikalıların sonradan deneyimledikleri temel özgürlüklerin radikal ve geniş çaplı ihlali - nüfuslarının hızla azalması da dahil - sadece devasa bir insanlık trajedisi değil, aynı zamanda mevcut durumumuz için güçlü bir nesne dersidir. Bu sefer, hepimiz bu dünyanın yerli insanlarıyız ve kolektif olarak daha yaratıcı ve birleşik bir yanıt toplayamazsak, benzer bir kadere maruz kalabiliriz. İnsanlığın Müttefikleri'nin hızlandırdığı anlayış tam da budur.

Oysa bu, insanlık tarihinin bu anında hayatta olma amacımızı hatırlatan ve bizi sadece kaderimizle yüz yüze getiren derin bir iç çağrıyı harekete geçirdiği için hayatları değiştirebilen bir kitaptır. Burada, hepsinin en rahatsız edici gerçeğiyle karşı karşıyayız: İnsanlığın geleceği, bu mesaja nasıl yanıt verdiğimize bağlı olabilir.

İnsanlığın Müttefikleri son derece uyarıcı olsa da, burada korku ya da kıyamet kışkırtması yok. Bunun yerine, mesaj şu anda en tehlikeli ve zor durumda olanlara olağanüstü bir umut sunuyor. Açık olan niyet, insan özgürlüğünü korumak ve güçlendirmek ve uzaylı müdahalesine kişisel ve toplu tepkiyi katalize etmektir.

Uygun bir şekilde, Rachel Carson kendisi bir keresinde bu mevcut krize yanıt verme becerimizi engelleyen sorunu kehanetsel olarak tanımladı: "Hala yeterince olgunlaşmadık," dedi, "kendimizi geniş bir alanın ve inanılmaz bir evrenin yalnızca küçün bir parçası olarak düşünüyoruz." Açıkçası, uzun zamandır kendimize, kozmostaki yerimize ve Büyük Camia'daki (şimdi ortaya çıkmakta olduğumuz daha büyük fiziksel ve ruhsal evren) yaşam hakkında yeni bir anlayışa ihtiyacımız var. Neyse ki, İnsanlığın Müttefikleri, gerekli türlerin olgunluğunu ne dünyaya bağlı ne de insan merkezli bir perspektifle aşılamayı vaat eden, bunun yerine daha eski, daha derin ve daha evrensel geleneklere dayanan şaşırtıcı derecede önemli bir ruhsal öğretiler ve uygulamalar gövdesine açılan bir kapı görevi görüyor. Nihayetinde, İnsanlığın Müttefikleri'nin mesajı, neredeyse tüm temel gerçeklik kavramlarımıza meydan okuyor, aynı zamanda bize ilerleme için en büyük fırsatı ve hayatta kalmak için en büyük mücadelemizi veriyor. Mevcut kriz bir tür olarak kendi kaderimizi tayin etmemizi tehdit ederken, aynı zamanda insan ırkına birliği getirmek için çok ihtiyaç duyulan bir temel sağlayabilir - bu daha geniş bağlam olmadan neredeyse imkansız. İnsanlığın Müttefikleri'de sunulan perspektif ve Summers tarafından temsil edilen daha geniş öğretilerle, insanlığın daha fazla evrimine hizmet etmek için daha derin bir anlayışta bir araya gelme zorunluluğu ve ilhamı verildi.

◆

Peter Matthiessen, Time Magazine'in 20. yüzyılın en etkili 100 sesini değerlendirdiği raporunda, Rachel Carson hakkında şunları yazdı: "Çevreci bir hareket olmadan önce, bir cesur kadın ve onun çok cesur kitabı vardı." Bundan birkaç yıl sonra, Marshall Vian Summers için benzer şekilde şunu söyleyebiliriz: Dünya dışı Müdahaleye direnmek için bir insan özgürlüğü hareketi olmadan önce, bir cesur adam vardı ve onun çok cesur mesajı İnsanlığın Müttefikleri. Bu sefer cevabımız daha hızlı, daha kararlı ve daha birleşik olabilir.

— Michael Brownlee
Gazeteci

# OKUYUCULARA NOT

İnsanlığın Müttefikleri, insanları bugün dünyada büyük ölçüde gizli ve tanınmayan yepyeni bir gerçekliğe hazırlamak için sunuluyor. İnsanları bir ırk olarak şimdiye kadar karşılaştığımız en büyük zorluk ve fırsatla yüzleşmeleri için güçlendiren yeni bir bakış açısı sağlar. Müttefik Brifingleri, büyüyen dünya dışı müdahale ve insan ırkına entegrasyon ve dünya dışı faaliyetler ve gizli gündem hakkında endişe verici ve de bir dizi kritik beyan içerir. Müttefik Brifinglerinin amacı, konuyla ilgili diğer pek çok güzel kitapta ve araştırma dergisinde halihazırda iyi belgelenmiş olan, Dünya Dışı Varlıkların dünyamıza ziyaretinin gerçekliği hakkında somut kanıtlar sağlamak değildir. Müttefik Brifinglerinin amacı, bu fenomenin dramatik ve geniş kapsamlı sonuçlarına değinmek, onunla ilgili insani eğilim ve varsayımlarımıza meydan okumak ve insan ailesini şu anda karşı karşıya olduğumuz büyük eşiğe karşı uyarmaktır. Brifingler, evrendeki zeki yaşamın gerçekliğine ve Temas'ın gerçekte ne anlama geleceğine bir bakış sağlıyor. Pek çok okuyucu için İnsanlığın Müttefiklerinde ortaya çıkarılanlar tamamen yeni olacak. Diğerleri için bu, uzun süredir hissettikleri ve bildikleri şeylerin bir teyidi olacaktır.

Bu kitap acil bir mesaj verse de, aynı zamanda insanlar arasında ve ırklar arasında daha büyük bir telepatik tesis içeren "İlim" adlı daha yüksek bir bilince doğru ilerlemekle ilgilidir. Bunun ışığında, Müttefik Brifingleri, kendilerini "İnsanlığın Müttefikleri" olarak adlandıran çok ırklı, dünya dışı bir gruptan yazara iletildi. Kendilerini, dünyamızda insan işlerine müdahale eden yabancı ırkların iletişimlerini ve faaliyetlerini gözlemlemek amacıyla Dünya'nın yakınında güneş sistemimizde toplanan diğer dünyalardan fiziksel varlıklar olarak tanımlıyorlar. Kendilerinin dünyamızda fiziksel olarak mevcut olmadıklarını ve teknoloji veya müdahale değil, gerekli bilgeliği sağladıklarını vurguluyorlar.

Müttefik Brifingleri yazara bir yıllık bir süre boyunca verildi. Onlarca yıldır artan kanıtlara rağmen araştırmacıları şaşırtmaya devam eden karmaşık bir konuya bakış açısı ve vizyon sunuyorlar. Ancak bu bakış açısı, konuya yaklaşımında romantik, spekülatif veya idealist değildir. Aksine, bu konuda çok bilgili bir okuyucu için bile oldukça zorlayıcı olabileceği noktaya kadar açık bir şekilde gerçekçi ve uzlaşmazdır.

Bu nedenle, bu kitabın sunduklarını almak için, dünya dışı Temas ve hatta bu kitabın nasıl alındığı hakkında sahip olabileceğiniz birçok inanç, varsayım ve soruyu en azından bir süre için askıya almalısınız. Bu kitabın içeriği, dünyanın ötesinden buraya gönderilen bir şişedeki mesaj gibidir. Bu nedenle, şişeyle değil, mesajın kendisiyle daha çok ilgilenmeliyiz.

Bu zorlu mesajı gerçekten anlamak için, Temas olasılığına ve gerçekliğine ilişkin geçerli birçok varsayım ve eğilimle yüzleşmeli ve bunları sorgulamalıyız. Bunlar şunları içerir:

- inkar;
- umutlu beklenti;
- inançlarımızı doğrulamak için kanıtları yanlış
  yorumlamak;
- "ziyaretçilerden" kurtuluş istemek ve beklemek;
- Ziyaretçi teknolojisinin bizi kurtaracağına inanarak;
- üstün bir güç olduğunu varsaydığımız şeye karşı
  umutsuzca ve itaatkâr hissetmek;
- devlet ifşasını talep etmek ancak Ziyaretçi ifşasını talep
  etmemek;
- "ziyaretçilerin" sorgusuz sualsiz kabulünü sürdürürken
  insan liderleri ve kurumları kınamak;
- bize saldırmadıkları veya bizi işgal etmedikleri için,
  bizim iyiliğimiz için burada olmaları gerektiğini
  varsaymak;
- ileri teknolojinin gelişmiş etik ve maneviyat ile eşit
  olduğunu varsaymak;
- bu fenomenin aslında anlaşılabilir bir olay olduğu
  halde bir gizem olduğuna inanmak;
- Ziyaretçilerin bir şekilde insanlığa ve bu gezegene
  sahip olduklarına inanmak;
- ve insanlığın çaresiz olduğuna ve kendi başına
  yapamayacağına inanmak.

Müttefik Brifingleri bu tür varsayımlara ve eğilimlere meydan
okuyor ve bizi kimin ziyaret ettiği ve neden burada oldukları
hakkında şu anda sahip olduğumuz efsanelerin çoğunu
patlatıyor.

İnsanlığın Müttefikleri Brifingleri, evrendeki akıllı yaşamın daha geniş bir panoraması içinde bize daha büyük bir perspektif ve kaderimize dair daha derin bir anlayış sağlıyor. Bunu başarmak için Müttefikler analitik zihnimizle değil, gerçeğin ne kadar bulanık olursa olsun doğrudan fark edilebildiği ve deneyimlenebildiği varlığımızın daha derin kısmı olan İlim ile konuşurlar.

İnsanlığın Müttefikleri Birinci Kitabı, daha fazla araştırma ve tefekkür gerektiren birçok soruyu gündeme getirecek. Odak noktası isimler, tarihler ve yerler sağlamak değil, dünyadaki Dünya Dışı Varlığı mevcudiyeti ve evrendeki yaşam hakkında biz insanlar olarak başka türlü sahip olamayacağımız bir bakış açısı sağlamaktır. Hâlâ dünyamızın yüzeyinde tecrit halinde yaşarken, sınırlarımızın ötesindeki akıllı yaşamla ilgili neler olup bittiğini henüz göremiyoruz ve bilemiyoruz. Bunun için yardıma ihtiyacımız var, çok sıra dışı bir yardıma. İlk başta böyle bir yardımı tanımayabilir veya kabul etmeyebiliriz. O yine de burada.

Müttefiklerin ifade ettiği amaç, bizi zeki bir yaşamın Büyük Camia'sında ortaya çıkmanın risklerine karşı uyarmak ve bu büyük eşiği insan özgürlüğü, egemenliği ve kendi kaderini tayin hakkı korunacak şekilde başarıyla geçmemize yardımcı olmaktır. Müttefikler, bu eşi benzeri görülmemiş dönemde insanlığın kendi "Angajman kurallarımızı" oluşturması gerektiğini bize bildirmek için buradalar. Müttefiklere göre, eğer bilge, hazırlıklı ve birleşmiş olursak, Büyük Camia'da olgun ve özgür bir ırk olarak kaderimizdeki yeri alabileceğiz.

◆

Bu brifing dizisinin gerçekleştiği zaman boyunca, Müttefikler, anlayışımız için hayati olduğunu düşündükleri bazı temel fikirleri tekrarladılar. İletişimlerinin niyetini ve bütünlüğünü korumak için bu yinelemeleri kitapta muhafaza ettik. Müttefiklerin mesajının acil doğası ve bu mesaja karşı çıkan dünyadaki güçler nedeniyle, bu tekrarların bir hikmeti ve bir zorunluluğu vardır.

2001 yılında The Allies of Humanity Book One'ın yayınlanmasının ardından, Müttefikler insanlığa hayati mesajlarını tamamlamak için ikinci bir Brifing seti sağladılar. 2005 yılında yayınlanan İnsanlığın Müttefikleri Kitap İki, yerel evrenimizdeki ırklar arasındaki etkileşimler ve insan işlerine müdahale eden ırkların doğası, amacı ve en gizli faaliyetleri hakkında şaşırtıcı yeni bilgiler sunuyor. Müttefiklerin mesajının aciliyetini hisseden ve Brifingleri diğer dillere tercüme eden okuyucular sayesinde, Müdahalenin gerçekliğine dair dünya çapında artan bir farkındalık var.

Yeni Bilgi Kitaplığı'nda, bu iki Brifing setinin bugün dünyada iletilen en önemli mesajlardan birini içerebileceğini düşünüyoruz. İnsanlığın Müttefikleri, UFO / Dünya Dışı Varlıklar fenomeni hakkında spekülasyon yapan başka bir kitap değil. Önümüzdeki zorluklarla ve fırsatlarla yüzleşmemiz gerektiğine dair farkındalığı artırmak için doğrudan yabancı Müdahalenin temelindeki amacına yönelik gerçek bir dönüşümsel mesajdır.

—YENİ İLİM KITAPLIĞI

# İnsanlığın
# Müttefikleri kimlerdir?

M üttefikler insanlığa hizmet eder çünkü Büyük Camia'nın her yerinde İlimin ıslahına ve ifade edilmesine hizmet ederler. Hayatta daha büyük bir amacı destekleyen birçok dünyada, bilge kişileri temsil ederler. Birlikte, uzayın geniş mesafelerine ve ırk, kültür, mizaç ve doğanın tüm sınırlarına aktarılabilecek daha büyük bir İlim ve Bilgeliği paylaşırlar. Bilgelikleri yaygındır. Becerileri harikadır. Varlıkları gizlidir. Sizi tanıyorlar çünkü sizin Büyük Camia'da çok zor ve rekabetçi bir ortama ortaya çıkan yeni bir ırk olduğunuzu anlıyorlar.

◆

*BÜYÜK CAMİA MANEVİYATI*
Bölüm 15: İnsanlığa Kim Hizmet Eder?

... Yirmi yıldan fazla bir süre önce, birkaç farklı dünyadan gelen bir grup birey, dünyamızda meydana gelen uzaylı ziyaretini gözlemlemek amacıyla güneş sistemimizde Dünya'ya yakın gizli bir yerde toplandı. Gizli kaldıkları, geniş görüş sağlayan yerden dünyamızı ziyaret edenlerin kimliğini, organizasyonunu ve niyetlerini belirleyip ziyaretçilerin faaliyetlerini izleyebildiler.

Bu gözlemciler grubu kendilerine "İnsanlığın Müttefikleri" diyorlar.

Bu onların raporu.

# Brifingler

◆

# Bugün Yeryüzündeki Dünya Dışı Mevcudiyet

B u bilgiyi, bu mesajı duyacak kadar şanslı olan herkese sunabilmemiz bizim için büyük bir onurdur. Biz İnsanlığın Müttefikleriyiz. Bu aktarım, hem dünyanızda hem de Büyük Dünyalar Topluluğu'ndaki akıllı yaşamın gelişimini denetleyen manevi danışmanlar, Görünmeyenler'in varlığıyla mümkün olmaktadır.

Herhangi bir mekanik cihaz aracılığıyla değil, müdaheleden uzak bir manevi kanal üzerinden iletişim kuruyoruz. Sizin de olduğunuz gibi fiziksel olarak hayatta olmamıza rağmen, sizinle paylaşmak zorunda olduğumuz bilgileri iletmek için bu şekilde iletişim kurma ayrıcalığına sahibiz.

Dünyanızın olaylarını gözlemleyen küçük bir grubu temsil ediyoruz. Büyük Camia'dan (akıllı yaşam ile dolu olan evrenden) geliyoruz. İnsan ilişkilerine karışmıyoruz. Burada kuruluşlarımız yok. Çok özel bir amaç için gönderildik - dünyanızda meydana gelen olaylara tanıklık etmek ve fırsat verildiğinde, gördüklerimizi ve bildiklerimizi size iletmek için. Çünkü dünyanızın yüzeyinde yaşıyor ve onu çevreleyen olayları göremiyorsunuz. Bu zamanda, dünyanızda gerçekleşen ziyareti veya geleceğiniz için neyi ifade ettiğini net bir şekilde göremiyorsunuz.

Buna tanıklık etmek istiyoruz. Bunu, Görülmeyenlerin isteği üzerine yapıyoruz, çünkü bu amaç için gönderildik. Size vermek üzere olduğumuz bilgiler çok zor ve şaşırtıcı görünebilir. Bu mesajı duyan birçok kişi tarafından belki de beklenmeyen bir durumdur. Bu zorluğu anlıyoruz, çünkü kendi kültürlerimizde bununla yüzleşmek zorunda kalmıştık.

Bu bilgiyi duyduğunuzda, ilk başta kabul etmek zor olabilir, ancak dünyaya katkıda bulunmak isteyen herkes için hayati öneme sahiptir.

Yıllardır, dünyanızın işlerini inceliyoruz. İnsanlık ile ilişki aramıyoruz. Diplomatik bir görevde değiliz. Açıklamak üzere olduğumuz olayları gözlemlemek için Görünmeyenler tarafından dünyanızın yakınında yaşamak için gönderildik.

İsimlerimiz önemli değil. Zaten sizin için anlamsız olurlardı. Onları kendi güvenliğimiz için vermeyeceğiz, çünkü hizmet edebilmemiz için gizli kalmalıyız.

Başlangıç için, her yerdeki insanların, insanoğlunun daha büyük bir akıllı yaşam topluluğuna girdiklerini anlamaları gerekir. Dünyanız birkaç yabancı ırk ve çeşitli farklı ırk örgütleri tarafından "ziyaret ediliyor". Bu aktif olarak bir süredir devam ediyor. İnsanlık tarihi boyunca ziyaretler yapıldı, ama bu büyüklükte değildi. Nükleer silahların ortaya çıkışı ve dünyanızın doğasının yok olması bu güçleri kıyılarınıza getirdi.

Anlıyoruz ki, bugün dünyada bunun gerçekleştiğini anlamaya başlıyan birçok insan var. Ve bu ziyaretlerin ne anlama gelebileceğinin ve ne önerebileceğinin birçok şekilde yorumlandığını, anlıyoruz. Ve bu şeylerin farkında olan insanların çoğu bunların umut verici olduğunu düşünmekte ve bunlardan insanlık için büyük faydalar beklemektedir. Anlıyoruz. Bunu beklemek doğaldır. Umutlu olmak doğaldır.

Şimdi, dünyanızdaki ziyaret çok geniş ölçüde yapılmaktadır, o kadar ki dünyanın her yerinden insanlar buna tanık oluyor ve etkilerini doğrudan yaşıyorlar. Bu "ziyaretçileri" Büyük Camia'dan, bu farklı varlık örgütlerini getiren şey, insanlığın ilerlemesini ya da insanlığın ruhsal eğitimini teşvik etmek değildir. Bu güçleri kıyılarınıza bu kadar büyük sayılarda ve belli niyetlerle getiren şey dünyanızın kaynaklarıdır.

Anlıyoruz ki bunu ilk başta kabul etmek zor olabilir, çünkü dünyanızın ne kadar güzel olduğunu, nelere sahip olduğunu ve kıraç dünyaları ve boş uzayı ile dolu olan Büyük Camia'da ne kadar nadir bir mücevher olduğunu anlayamazsınız. Sizinki gibi dünyalar çok nadir görülür. Büyük Camia'da çoğu yer çoktan sömürgeleştirildi ve teknoloji bunu mümkün hale getirdi. Ancak, teknolojinin yardımı olmadan, hayatın doğal olarak geliştiği sizinki gibi dünyalar, tahmin edebileceğinizden çok daha nadirdir. Diğerleri bunun farkında, tabii ki, dünyanızın biyolojik kaynakları binlerce yıldır birçok ırk tarafından kullanılıyor. Bazıları için depo olarak kullanıldı. Ve yine de insan kültürünün ve tehlikeli silahların gelişimi ve bu kaynakların tehlikeye atılması bu yabancı Müdahale'sine neden oldu.

Belki de insanlığın liderleriyle temas kurmak için neden diplomatik çabaların kurulmadığını merak edebilirsiniz. Bunu sormak makul, ancak buradaki zorluk, insanlığı temsil edecek kimsenin olmaması, halkınızın bölünmüş olması ve milletlerin birbirine karşı çıkmasıdır. Bu bahsettiğimiz ziyaretçiler tarafından ayrıca savaşçı ve saldırgan olduğunuz ve iyi niteliklerinize rağmen etrafınızdaki evrene zarar ve düşmanlık getireceğiniz varsayılıyor.

Bu nedenle, söylemimizde size neler olup bittiği, insanlık için ne anlama geleceği ve bunun manevi gelişiminiz, sosyal gelişiminiz ve dünyadaki ve Büyük Dünyalar Topluluğundaki geleceği ile ilgili ne olduğu ile ilgili bir fikir vermek istiyoruz.

İnsanlar, kendi çıkarları için insanlıkla ittifak isteyen yabancı güçlerden, kaynak arayıcılarının varlığından habersizler. Belki de buraya, kıyılarınızın ötesinde hayatın nasıl bir şey olduğu hakkında bir fikir vererek başlamalıyız, çünkü uzaklara yolculuk etmediniz ve bu şeyleri kendiniz açıklayamazsınız.

Galaksinin tamamen yaşamla dolu olan bir bölgesinde yaşıyorsunuz. Galaksinin bütün bölümleri bu kadar yaşam dolu değildir. Keşfedilmemiş büyük bölgeler var. Birçok gizli ırk var. Dünyalar arasındaki ticaret ve takas sadece belirli alanlarda devam eder. Ortaya çıktığınız bu çevre çok rekabetçi bir ortamdır. Kaynaklara duyulan ihtiyaç her yerde yaşanıyor ve birçok teknolojik toplum, dünyalarının doğal kaynaklarını tamamen tüketti ve ihtiyaç duydukları şeyi elde etmek için ticaret yapmalıdır, takas ve seyahat etmelidir. Bu çok karmaşık bir durum. Birçok ittifaklar kuruldu ve çatışmalar da meydana gelir.

Belki de bu noktada, içinde bulunduğunuz Büyük Camia'nın çetin ve zorlu bir çevre olduğunun ancak yine de bunun insanlık için büyük fırsat ve harika olanaklar getirdiğini farkına varmanız gerekir. Bununla birlikte, bu olasılıklar ve gerçekleşecek bu avantajlar için, insanlık, evrendeki yaşamın nasıl bir şey olduğunu öğrenmek ve buna hazırlanmak zorundadır. Ve, Zeki Yaşam dolu Büyük Camia içinde maneviyatın ne anlama geldiğini de anlamalıdır.

Kendi tarihimizden, bunun herhangi bir dünyanın karşılaşabileceği en büyük eşik olduğunu anlıyoruz. Ancak, bu kendiniz için planlayabileceğiniz bir şey değil. Kendi geleceğiniz için tasarlayabileceğin bir şey değil. Zira buradaki Büyük Camia gerçeğini getirecek güçler, dünyada zaten var. Koşullar onları buraya getirdi. Onlar burada.

Belki de bu size hayatın sınırlarının ötesinde nasıl bir şey olduğu hakkında bir fikir verir. Korkulu bir fikir yaratmak istemiyoruz, ancak kendi iyiliğiniz ve geleceğiniz için dürüst bir değerlendirmenizin olması ve bunları açıkça görmeniz gerekiyor.

Büyük Camia'daki yaşama hazırlanma gereğini, bugün dünyanızdaki en büyük ihtiyaç olduğunu düşünüyoruz. Ve yine de, gözlemimizden, insanlar kaderlerini değiştirecek ve geleceklerini etkileyecek daha büyük kuvvetlerin farkında olmadan, kendi işleriyle ve günlük yaşamlarındaki kendi problemleriyle meşgul oluyorlar.

Bugün burada bulunan güçler ve gruplar birkaç farklı ittifakı temsil ediyor. Bu farklı ittifaklar girişimlerinde birbirleriyle birleşmiş değiller. Her ittifak, dünyanızın kaynaklarına erişim sağlamak ve bu erişimi sürdürmek amacıyla işbirliği yapan birkaç farklı ırk grubunu temsil eder. Bu farklı ittifaklar özünde birbirleriyle savaşmamış olmalarına rağmen birbirleriyle rekabet ediyorlar. Dünyanızı büyük bir ödül olarak görüyorlar,ve bu kendileri için istedikleri bir şey.

Bu, insanlarınız çok büyük bir zorluk yaratıyor, çünkü sizi ziyaret eden kuvvetler sadece ileri teknolojiye sahip değil, aynı zamanda güçlü bir sosyal uyuma sahip ve Zihinsel Ortamda düşünceyi etkileyebiliyorlar. Görüyorsunuz ya, Büyük Camia'da teknoloji kolayca elde edilir bir şey ve bu nedenle rakip toplumlar arasındaki en büyük avantaj düşünceyi etkileme yeteneğidir. Bu çok karmaşık gösterimlere sahiptir ve insanlığın keşfetmeye yeni başladığı bir takım becerileri temsil etmektedir.

Sonuç olarak, ziyaretçileriniz büyük silahlarla ya da ordularla ya da gemi filolarıyla gelmiyorlar. Nispeten küçük gruplar halinde gelirler, ancak insanları etkileme konusunda önemli bir beceriye sahiptirler. Bu, Büyük Camia'da gücün daha sofistike ve olgun bir kullanımını temsil eder. Diğer ırklarla başarılı bir şekilde mücadele etmek istiyorsa, insanlığın gelecekte geliştirmesi gerekecek olan yetenek budur.

Ziyaretçiler, insanlığın sadakatini kazanmak için buradalar. İnsan kurumlarını veya insan varlığını yok etmek istemiyorlar. Bunun yerine, bunları kendi çıkarları için kullanmak istiyorlar. Amaçları istihdamdır, yıkım değil. Doğru olduklarını düşünüyorlar çünkü dünyayı kurtardıklarına inanıyorlar. Hatta bazıları insanlığı kendisinden kurtardıklarına inanıyor. Ancak bu bakış açısı sizin çıkarlarınıza hizmet etmez, insanlık ailesinde bilgeliği veya kendi kaderini tayin etmeyi teşvik etmez.

Yine de, Büyük Dünyalar Topluluğu içinde iyi güçler olduğu için müttefikleriniz var. Biz müttefiklerinizin sesini, İnsanlığın Müttefiklerini temsil ediyoruz. Kaynaklarınızı kullanmak veya sahip olduğunuz şeyi sizden almak için burada değiliz. İnsanlığı, bir uydu devleti olarak ya da kendi kullanımlarımız için bir koloni olarak kurmaya çalışmıyoruz. Bunun yerine, insanlık içindeki gücü ve bilgeliği arttırmak istiyoruz çünkü biz bunu Büyük Camia'da destekliyoruz.

O zaman bizim rolümüz çok önemli ve bilgilerimize çok ihtiyaç var çünkü şu anda ziyaretçilerin varlığının farkında olan insanlar bile onların niyetlerinin henüz farkında değiller. İnsanlar ziyaretçilerin yöntemlerini anlamıyor. Ve ziyaretçilerin ahlakını veya törelerini anlamıyorlar. İnsanlar ziyaretçilerin ya melek ya da canavar olduğunu düşünüyor. Fakat gerçekte, ihtiyaçları konusunda aynı sizin gibiler. Dünyayı onların gözleriyle görebilseydiniz, bilinçlerini ve motivasyonlarını anlardınız. Ama bunu yapmak için, kendinizin ötesine geçmek zorunda kalacaksınız.

Ziyaretçiler dünyanızda nüfuz sahibi olmak için dört temel faaliyete katılıyorlar. Bu faaliyetlerin her biri benzersizdir, ancak hepsi birlikte koordine edilmiştir. Bunlar yapılıyorlar çünkü insanlık uzun süredir inceleniyor. İnsan düşüncesi, insan davranışı, insan fizyolojisi ve insan dini bir süredir çalışılmaktadır. Bunlar ziyaretçileriniz tarafından iyi anlaşılmaktadır ve bunlar kendi amaçları için kullanılacaktır.

Ziyaretçilerin ilk faaliyet alanı, güç ve otorite konumlarındaki bireyleri etkilemektir. Ziyaretçiler dünyadaki hiçbir şeyi tahrip etmek istemedikleri veya dünyanın kaynaklarına zarar vermek istemedikleri için, öncelikle hükümet ve din dahilinde iktidarda olduğunu düşündükleri kişilerin üzerinde etki kazanmaya çalışırlar. Temasa geçerler, ancak sadece belirli kişilerle. Bu teması kurma güçleri ve ikna güçleri var. Temasa geçtiklerinin hepsi ikna edilmeyecek, ancak çoğu ikna olacak. Daha fazla güç, daha fazla teknoloji ve dünyaya hükmetme vaadi, pek çok kişiyi etkileyecek ve teşvik edecektir. Ziyaretçilerin bir irtibat kurmak için arayacağı bireyler bunlardır.

Dünya hükümetlerinde bu kadar etkilenen çok az insan var, ancak sayıları artıyor. Ziyaretçiler, iktidar hiyerarşisini anlıyorlar çünkü kendileri de kendi komuta zincirlerini takip ederek yaşıyorlar. Çok örgütlü ve çabalarına çok odaklanmış durumdalar ve özgür düşünen bireylerle dolu kültürlere sahip olma fikri büyük ölçüde onlara yabancıdır. Bireysel özgürlüğü anlamıyor veya kavrayamıyorlar. Onlar, hem kendi dünyalarında hem de uzayın geniş alanına yayılmış teknolojik olarak gelişmiş birçok topluluk gibi çok iyi kurulmuş ve katı bir hükümet ve örgütlenme biçimi kullanarak yaşıyorlar. İnsanlığın karmakarışık ve asi olduğuna inanıyorlar ve kendilerinin anlayamadıkları bir duruma düzen getirdiklerini düşünüyorlar. Bireysel özgürlük onlar tarafından bilinmiyor ve onu değer olarak görmüyorlar. Sonuç olarak, dünyada kurmaya çalıştıkları şey bu özgürlüğü onurlandırmayacaktır.

Bu nedenle, ilk çalışma alanları, iktidar ve etki pozisyonlarındaki bireylerin bağlılıklarını kazanmak ve onları ilişkilerinin ve ortak amaçlarının yararlı yönleriyle ikna etmektir.

Belki de sizin açınızdan düşünülmesi en zor olan ikinci aktivite yolu, dini değerlerin ve dürtülerin manipülasyonudur.

Ziyaretçiler, insanlığın en büyük yeteneklerinin aynı zamanda en büyük savunmasızlığını temsil ettiğini anlıyor. İnsanların kefarete, bireysel kurtulmaya olan özlemi, insan ailesinin, hatta Büyük Camia'da bile, sunabileceği en büyük değerlerden birini temsil eder. Ancak bu aynı zamanda sizin zayıflığınızdır. Ve bu dürtüler ve değerler onlar tarafından kullanılacaktır.

Ziyaretçilerin çeşitli grupları, Zihinsel Ortamda nasıl konuşacaklarını bildikleri için kendilerini manevi temisilciler olarak konuşlandırmak isterler. İnsanlarla doğrudan iletişim kurabilirler ve ne yazık ki, dünyada bir manevi ses ile ziyaretçilerin sesi arasındaki farkı ayırt edebilecek çok az insan olduğundan, durum çok zorlaşır.

Bu nedenle, ikinci faaliyet alanı, insanların dinsel ve ruhsal motivasyonlarıyla bağlılıklarını sağlamaktır. Aslında, bu oldukça kolay bir şekilde yapılabilir çünkü insanlık Zihinsel Ortamda henüz güçlü değildir veya gelişmemiştir. İnsanların bu dürtülerin nereden geldiğini ayırt etmesi zordur. Birçok insan daha büyük bir sese ve daha büyük bir güce sahip olduğunu düşündüğü her şeye kendilerini vermek ister. Ziyaretçileriniz, dünyanızda sevgili ve kutsal tutulan görüntüleri yansıtabilir - azizlerin, öğretmenlerinizin, meleklerin görüntüleri -. Bu yeteneği, yüzyıllarca birbirlerini etkilemeye çalışmakla ve Büyük Camia'da birçok yerde uygulanan ikna etme yollarını öğrenerek geliştirdiler. Sizi ilkel olarak görüyorlar ve bu etkiyi uygulayabileceklerini ve bu yöntemleri sizin üzerinizde kullanabileceklerini düşünüyorlar.

Burada hassas, alıcı ve doğuştan kooperatif olarak kabul edilen bireylerle iletişim kurmaya çalışılmaktadır. Birçok insan seçilecek, ancak birkaçı bu özel niteliklere göre seçilecek.

Ziyaretçileriniz bu bireylerle bağlılık kazanmaya, güvenlerini kazanmaya ve özveri kazanmaya çalışacak, alıcılara ziyaretçilerin burada insanlığı manevi olarak yükseltmek, insanlığa yeni umutlar, yeni nimetler ve yeni güç vermek için geldiklerini söyleyecekler, gerçekten de ümit vaat eden ve insanların çok candan istedikleri ama kendilerinin henüz bulamadıları şeyleri vaat edecekler. Belki de "Böyle bir şey nasıl olabilir?" diye merak edebilirsiniz. Ancak, bu becerileri ve yetenekleri öğrendikten sonra bunun zor olmadığını garanti edebiliriz.

Buradaki çaba, insanları ruhsal ikna ile sakinleştirmek ve terbiye etmektir. Bu "Yatıştırma Programı", ideallerine ve mizacına bağlı olarak farklı dini gruplarla farklı şekilde kullanılmaktadır. Her zaman alıcı bireylere yöneltilmiştir. Burada, insanların ayırt etme duygularını yitirmeleri ve ziyaretçiler tarafından kendisine verildiğini düşündükleri daha büyük bir güce tamamen güvenmeleri umulmaktadır. Bu bağlılık kurulduktan sonra, insanların kendi içlerinde bildiklerini kendilerine söylenenden ayırt etmeleri giderek zorlaşıyor. Çok ince fakat çok yaygın bir ikna ve manipülasyon şeklidir. İlerlerken bu konuda daha fazla konuşacağız.

Şimdi, ziyaretçilerin dünyadaki varlığını kurmak ve insanların bu varlığa alışmalarını sağlamak için gerçekleştirdikleri üçüncü faaliyet alanından bahsedelim. Ziyaretçilerin fiziksel varlığına ve kendi Zihinsel Çevreniz üzerindeki etkisine alışmanız için insanlığın ortaya çıkan bu çok büyük değişime alışmalarını istiyorlar. Bu amaca hizmet etmek için, ortalıkta olmasa da bir takım kuruluşlar inşa edecekler. Bu tesisler gizlenecek, ancak yanlarındaki insan nüfusu üzerinde bir etki yaratmada çok güçlü olacaklar. Ziyaretçiler bu kuruluşların etkili olduğundan ve yeterince insanın onlara bağlı olduğundan emin olmak için büyük özen ve zaman harcayacaklar. Ziyaretçilerin varlığını koruyacak ve koruyacak olan bu insanlardır.

Bunlar tam olarak dünyanızda meydana gelen şeylerdir. Bu büyük bir zorluk ve maalesef büyük bir risk teşkil ediyor. Tarif ettiğimiz bu aynı şey, Büyük Camia'da birçok yerde çok defa gerçekleşti. Ve sizin gibi yeni gelişmekte olan ırklar her zaman en savunmasız olanlardır. Yeni gelişmekte olan bazı ırklar, bunun gibi dış etkenleri dengeleyebilecekleri ölçüde kendi farkındalıklarını, yeteneklerini ve işbirliklerini ortaya koyabilir ve Büyük Camia'da bir varlık ve konum inşa edebilir. Yine de birçok ırk, bu özgürlüğe kavuşmadan önce, yabancı güçlerin kontrolü ve etkisi altına girmiştir.

Bu bilginin kayda değer bir korku ve belki de inkar veya kafa karışıklığına neden olabileceğini biliyoruz. Ancak olayları gözlemlerken, durumun gerçekte olduğu gibi farkında olan çok az insan olduğunu fark ediyoruz. Yabancı güçlerin varlığından haberdar olan insanlar bile pozisyonda değiller ve durumu açıkça görebilecekleri noktalara sahip değiller. Ve her zaman umutlu ve iyimser olmak için, bu büyük olguya olabildiğince olumlu bir anlam vermeye çalışıyorlar.

Ancak, Büyük Topluluk, rekabetçi bir ortam, zor bir ortamdır. Uzay yolculuğuna katılanlar, manevi olarak gelişmiş olanları temsil etmemektedir, çünkü manevi olarak gelişmiş olan ırklar, Büyük Caima'dan izolasyon isterler. Ticaret etmek istemezler. Diğer ırkları etkilemeyi ya da karşılıklı ticaret ve fayda için kurulan çok karmaşık ilişkilere girmeyi istemezler. Bunun yerine, manevi olarak gelişmiş olan gizli kalmaya çalışır. Bu belki de çok farklı bir anlayıştır, ama insanlığın karşılaştığı büyük çıkmazı anlayabilmeniz için gerekli bir yaklaşımdır. Yine de bu çıkmazın sunduğu büyük olasılıkları var. Şimdi bunlar hakkında konuşmak istiyoruz.

Tarif ettiğimiz durumun ciddiyetine rağmen, bu koşulların insanlık için bir trajedi olduğunu düşünmüyoruz. Gerçekten, eğer bu şartlar tanınabiliyor ve anlaşılıyorsa ve şu anda dünyada var olan Büyük Camia için hazırlık yapılabiliyorsa, çalışılsa ve uygulanabiliyorsa, iyi vicdanı olan her yerdeki insanlar Büyük Camia İlmini ve bilgeliğini öğrenme yeteneğine sahip olacaklardır. Böylece, her yerdeki insanlar işbirliğinin temelini bulabilecek ve böylece insan ailesi daha önce burada hiç kurulmamış birliği kurabilecek. Zira İnsanlığın birleşmesi için Büyük Camia'nın gölgesi gerekecektir. Ve bu gölgelendirme şimdi gerçekleşiyor.

Akıllı yaşamla dolu olan Büyük Camia'da ortaya çıkmanız sizin evriminizdir. Hazır olsanız da olmasanız da bu gerçekleşir. Gerçekleşmesi gerekir. Hazırlık, daha sonra, kilit nokta haline gelir. Kavrayış ve netlik - bunlar, şu anda dünyanızda gerekli ve gerekli şeylerdir.

Her yerdeki insanlar, açıkça görmelerini ve tanımalarını sağlayan harika manevi armağanlara sahiptir. Bu armağanlar şimdi gereklidir. Serbestçe tanınmaları, istihdam edilmeleri ve paylaşılmaları gerekir. Bunu yapmak, sadece dünyanızdaki harika bir öğretmen veya büyük bir azize kalmış değildir. Şimdi birçok kişi tarafından geliştirilmesi gerekiyor. Durum ihtiyacı beraberinde getirebiliyor ve eğer gerekliliği karşılayabiliyorsa, beraberinde büyük bir fırsat getiriyor.

Bununla birlikte, Büyük Camia hakkında bilgi edinme ve Büyük Camia Maneviyatını deneyimlemeye başlamaya yönelik gereksinimler çok büyüktür. Daha önce hiç bir zaman insanlar bu kadar kısa sürede böyle şeyleri öğrenmek zorunda kalmamıştı. Aslında, bu tür şeyler daha önce dünyanızdaki herhangi biri tarafından nadiren öğrenildi. Fakat şimdi ihtiyaç değişti. Koşullar farklı. Şimdi ortada, hissedebildiğiniz ve bilebildiğiniz yeni etkiler var.

Ziyaretçiler, kendi içlerinde sahip olmadıklarından, insanların bu vizyona ve bu İlme kendi içinde sahip olmalarını engellemeye çalışırlar. Bunun değerini görmüyorlar. Gerçekliğini anlamıyorlar. Bu bağlamda, bir bütün olarak insanlık onlardan daha gelişmiş durumdadır. Fakat bu sadece bir potansiyel, şimdi ekilmesi gereken bir potansiyel.

Dünyadaki yabancı varlığı büyüyor. Her yıl, her yıl büyüyor. Pek çok insan, ikna olmakta, bilme yeteneğini yitirmekte, kafaları karışmakta ve dikkatleri dağılmaktadır, onları yalnızca zayıflatabilecek ve kendi amaçları için kullanmaya çalışanlar karşısında iktidarsız kılan şeylere inanmaktadır.

İnsanlık gelişmekte olan bir ırktır. Savunmasızdır. Daha önce hiç karşılaşmadığı bir dizi koşul ve etki ile karşı karşıyadır. Sadece birbirinizle rekabet etmek için geliştiniz. Hiçbir zaman diğer zeki yaşam biçimleriyle rekabet etmek zorunda kalmadınız. Yine de, durumun açıkça görülmesi ve anlaşılması durumunda bu en büyük niteliklerinizi ortaya koyacak ve sizi güçlendirecektir.

Bu gücü artırmak Görünmeyenlerin rolüdür. Haklı olarak melek diyeceğiniz Görünmeyenler, yalnızca insan kalbi ile değil aynı zamanda dinleyebilen ve dinleyebilme özgürlüğü kazanmış her yerdeki kalplerle konuşurlar.

Öyleyse biz zor bir mesajla, ancak bir umut ve umut mesajı ile geliyoruz. Bu belki de insanların duymak istediği bir mesaj değildir. Bu kesinlikle ziyaretçilerin destekleyeceği mesaj da değildir. İnsandan insana paylaşılabilecek bir mesajdır ve paylaşılması doğaldır çünkü bunu yapmak doğaldır. Bununla birlikte, ziyaretçiler ve ikna altında kalanlar böyle bir farkındalığa karşı çıkacaktır. Bağımsız bir insanlık görmek istemiyorlar. Bu onların amacı değil. Faydalı olduğuna bile inanmıyorlar. Bu nedenle, bu fikirlerin endişe duymadan, ancak ciddi bir zihinle ve burada haklı çıkarılan derin bir endişe ile ele alınması bizim samimi arzumuzdur.

Bugün dünyada birçok insan var, anlıyoruz ki, insanlık için büyük bir değişimin geldiğini düşünüyor. Görünmeyenler bize bunları anlattı. Birçok sebep bu değişim hissine bağlanır. Ve birçok sonuç tahmin edilmektedir. Bununla birlikte, insanlığın akıllı yaşamla dolu Büyük Camia'ya girmekte olduğu gerçeğini anlamaya başlayamazsanız, insanlığın kaderini veya dünyada meydana gelen büyük değişimi anlamak için henüz doğru bir içeriğe sahip olamazsınız.

Bizim açımızdan insanlar o zamana hizmet etmek için kendi zamanlarında doğarlar. Bu, bizim de öğrencisi olduğumuz Büyük Camia Maneviyatında olan bir öğretidir. O özgürlük ve ortak amaçların gücünü öğretir. Bireye ve başkalarıyla katılabilen bireylere otorite kazandırır - ki bu fikir Büyük

Camia'da nadiren kabul edilen veya benimsenen fikirdir, çünkü Büyük Camia cennetsel bir durumda değildir. Hayatta kalmanın zorlukları ve bunun içerdiği her şey ile birlikte fiziksel bir gerçekliktir. Bu gerçeklik dahilindeki tüm varlıklar, bu ihtiyaçlar ve gereksinimlerle mücadele etmelidir. Bu konuda ziyaretçileriniz sizin düşündüğünüzden daha fazla size benzemektedirler. Onlar anlaşılmaz değil. Anlaşılmaz olmak isterler, ancak anlaşılabilirler. Bunu yapacak gücünüz var, ama açık gözlerle görmelisiniz. Daha büyük bir vizyonla görmelisiniz ve kendi kendinize geliştirme olanağınız olan daha büyük bir zeka ile bilmelisiniz.

Şimdi, ikinci etki alanı ve ikna alanı hakkında daha fazla konuşmamız gerekiyor, çünkü bunun büyük önemi var ve bu şeyleri anlamanız ve bunları kendiniz için düşünmeniz bizim samimi arzumuzdur.

Dünyadaki dinler, hükümetlerden çok, diğer kurumlardan daha fazla insan bağlanımı ve insan bağlılığının anahtarıdır. Bu, insanlığı iyi yansıtır, çünkü bu gibi dinlerin Büyük Camia'da bulunması genellikle zordur. Dünyanız bu açıdan zengin, bu gücünüzdür ancak ayrıca zayıf ve savunmasız olduğunuz yerde burasıdır. Birçok kişi daha büyük bir manevi gücün onları ilahi olarak yönlendirmesini ve görevlendirmesini, kendi hayatlarını yönetmesini ve yönlendirmesini, onlara rehberlik etmesini ve korumasını ister. Bu samimi bir arzudur, ancak Büyük Camia bağlamında, bu arzunun yerine getirilmesi için kayda değer bir bilgelik geliştirilmelidir. İnsanların otoritelerini nasıl bu kadar kolay verebileceklerini görmek bizim için çok üzücü - hiç tam olarak sahip olmadıkları bir şeyi, kendileri için bilinmeyenlere isteyerek verecekler.

Bu mesaj daha büyük bir manevi yakınlığa sahip insanlara ulaşmak için yazılmıştır. Bu nedenle, bu konuya odaklanmamız gerekiyor. Uluslar, hükümetler veya siyasi ittifaklar tarafından yönetilen maneviyatı değil, doğal maneviyatı - bilme, görme ve hareket etme becerisini, Büyük Camia'da öğretilen bir maneviyatı savunuyoruz. Ancak bu, ziyaretçileriniz tarafından vurgulanmıyor. İnsanların ziyaretçilerin aileleri, ziyaretçilerin yuvaları, ziyaretçilerin kardeşleri, anneleri ve babaları olduğuna inanması için çaba harcarlar. Birçok insan inanmak ister ve bu yüzden inanır. İnsanlar kişisel otoritelerini vermek istiyorlar ve bu yüzden veriyorlar. İnsanlar ziyaretçilerde arkadaşlarını ve kurtuluşlarını görmek isterler ve bu yüzden onların da gösterdikleri şey budur.

Bu aldatmacaları ve bu zorlukları görebilmek için büyük bir ağırbaşlılık ve tarafsızlık gerekecektir. İnsanlığın Büyük Camia içinde başarılı bir şekilde ortaya çıkması ve özgürlüğünü korunması ve daha büyük etkilere ve daha büyük güçlere sahip bir ortamda kendi kaderini belirlemesini sürdürmesi gerekiyorsa, insanların bunu yapması gerekecektir. Bu noktada, dünyanız bir mermi bile atmadan ele geçirilebilir, çünkü şiddet ilkel ve kaba olarak kabul edilir ve bu gibi durumlarda nadiren kullanılır.

Belki de "Bu, dünyamızın istila edildiği anlamına mı geliyor?" Diye sorabilirsiniz. Bunun cevabının "evet, en ince türden bir istila" olduğunu söylemeliyiz. Bu düşünceleri aklınızda bulundurur ve ciddiye alırsanız, bunları kendiniz de görebileceksiniz. Bu istilanın kanıtı heryerde. İnsan yeteneğinin, mutluluk, barış ve güvenlik arzusuyla nasıl dengelendiğini, insanların görme ve bilme yeteneklerinin kendi kültürleri dahilindeki etkilerden nasıl etkilendiğini görebilirsiniz. Bu etkiler Büyük Camia ortamında ne kadar da büyük olacaktır. Bu sunmamız gereken zor bir mesaj. Bu söylenmesi gereken mesaj, söylenmesi gereken gerçek, hayati olan ve bekleyemeyen gerçek. İnsanların şimdi daha fazla İlim, daha fazla bilgelik ve daha büyük bir maneviyat öğrenmesi gerekiyor, böylece gerçek yeteneklerini bulabilsinler ve bunları etkin bir şekilde kullanabilsinler.

Özgürlüğün tehlikede. Dünyanızın geleceği tehlikede. Bu yüzden buraya, İnsanlığın Müttefikleri adına konuşmak üzere gönderildik. Evrende İlim ve Bilgeliği canlı tutan ve daha Büyük Camia Maneviyatını uygulayanlar var. Farklı dünyalar üzerinde etki yaratacak şekilde seyahat etmiyorlar. İnsanları kendi isteklerine karşı alıkoymazlar. Hayvanlarını ve bitkilerini çalmazlar. Sizin hükümetleriniz üzerinde nüfuz sahibi değiller. Burada yeni bir liderlik yaratmak için insanlık ile üremek istemiyorlar. Müttefikleriniz insan işlerine karışmak istemiyor. İnsan kaderini manipüle etmeye çalışmıyorlar. Uzaktan izliyorlar ve kendimiz gibi elçileri, büyük risk alarak, danışmanlık ve cesaret vermek ve gerekli olan işleri netleştirmek için gönderiyorlar. Bu nedenle, hayati bir mesajla barış içerisinde geliyoruz.

Şimdi, ziyaretçilerinizin kendilerini yerleştirmek için çalıştığı dördüncü alandan bahsetmeliyiz ve bu da melezlemedir. Onlar doğanızda yaşayamazlar. Fiziksel dayanıklılığınıza ihtiyaçları var. Dünya ile doğal yakınlığınıza ihtiyaçları var. Üreme yeteneklerinize ihtiyaçları var. Ayrıca sizinle bağlantı kurmak istiyorlar çünkü bunun bir bağlılık yarattığını biliyorlar. Bu, bir şekilde burada varlıklarını ortaya koyuyor, çünkü böyle bir melez programın çocukları dünya ile kan ilişkilerine sahip olacak, ancak ziyaretçilere sadık kalacaktır. Belki bu inanılmaz görünüyor, ama çok gerçek.

Ziyaretçiler üreme kabiliyetlerini sizden uzaklaştırmak için burada değiller. Kendilerini buraya yerleştirmek için buradalar. İnsanlığın onlara inanmasını ve onlara hizmet etmesini istiyorlar. İnsanlığın onlar için çalışmasını istiyorlar. Bunun için her şeyi söz verecek, her şeyi teklif edecek ve bu hedefe ulaşmak için her şeyi yapacaklar. Oysa ikna güçleri büyük olsa da sayıları az. Ancak onların etkileri artıyor ve birkaç kuşaktır sürmekte olan melezleme programları da sonuçta etkili olacak. Daha büyük zekaya sahip, ancak insan ailesini temsil etmeyen insanlar ortaya çıkacak. Bu tür şeyler mümkündür ve Büyük Camia'da sayısız kereler olmuştur. Kültürlerin ve ırkların birbirleri üzerindeki etkisini görmek ve bu etkileşimlerin ne kadar baskın ve ne kadar etkili olabileceğini görmek için yalnızca kendi geçmişinize bakmak zorundasınız.

Bu yüzden size önemli haberleri, ciddi haberleri getiriyoruz. Ama cesur olun, çünkü bu çelişik duygularda olma zamanı değil. Bu kaçış aramak için bir zaman değil. Bu, kendi mutluluğunuzla kendinizi ilgilendirdiği zamanı değil. Bu, dünyaya katkıda bulunmanın, insan ailesini güçlendirmenin ve insanlarda var olan doğal yetenekleri ortaya koymanın, görme, tanıma ve birbiriyle uyum içinde hareket etmenin zamanıdır. Bu yetenekler şu anda insanlık üzerine atılan etkiyi dengeleyebilir, ancak bu yetenekler büyümeli ve paylaşılmalıdır. Bu son derece önemlidir.

Bu bizim nasihatımız. İyi niyetlerle geliyor. Büyük Camia'da müttefikleriniz olduğuna sevin çünkü buna ihtiyacınız var. Henüz nasıl karşı koyulacağını öğrenemediğiniz güç ve etkilerle dolu daha büyük bir evrene giriyorsunuz. Daha büyük bir yaşam panoramasına giriyorsunuz. Ve bunun için hazırlanmalısınız. Sözlerimiz sadece hazırlığın bir parçası. Şimdi dünyaya bir hazırlık gönderiliyor. Bizden gelmiyor. Tüm yaşamın Yaratıcısından gelir. Doğru zamanda geliyor. Çünkü bu, insanlığın güçlü ve bilge olma zamanıdır. Bunu yapabilme yeteneğiniz var. Ve hayatınızın olayları ve koşulları buna büyük bir ihtiyaç yaratır.

# İnsan Özgürlüğüne Meydan Okuyuş

İnsanlık, kolektif gelişiminde çok tehlikeli ve çok önemli bir zamana yaklaşıyor. Akıllı yaşamla dolu olan Büyük Camia'ya çıkmanın eşiğindesiniz. Kendi menfaatlerini korumak ve hangi fırsatların öne çıkabileceğini keşfetmek isteyen, dünyanıza gelen diğer varlık ırklarıyla karşılaşacaksınız. Onlar melek ya da meleksel varlıklar değil. Onlar manevi varlıklar değiller. Onlar dünyanıza kaynaklar, ittifaklar ve gelişmekte olan bir dünyada avantajlar kazanmak için gelen varlıklardır. Onlar şeytan değiller. Kutsal da değiller. Bu konuda onlar size benziyor. Onlar sadece ihtiyaçları, iştirakları, inançları ve ortak hedefleri tarafından yönlendirilirler.

Bu, insanlık için çok önemli bir zamandır, fakat insanlık hazır değildir. Bakış açımızdan, bunu daha büyük ölçekte görebiliyoruz. Kendimizi dünyadaki bireylerin günlük yaşamlarına dahil etmiyoruz. Hükümetleri ikna etmeye ya da dünyanın belli bölgelerine ya da orada bulunan belirli kaynaklara talepte bulunmaya çalışmıyoruz. Bunun yerine, gözlemliyoruz ve gözlemlediklerimizi rapor etmek istiyoruz, çünkü bu bizim burada olma görevimizdir.

Görünmeyenler, bugün bize tuhaf bir rahatsızlık hissi duyan, belirsiz bir aciliyet duygusu, bir şeylerin olacağı ve bir şeylerin yapılması gerektiğini hisseden birçok insan olduğunu söyledi. Belki de bu insanların günlük deneyimlerinde bu derin duyguları haklı çıkaran, bu duyguların önemini doğrulayan veya ifadelerine önem veren hiçbir şey yoktur. Bunu anlayabiliriz çünkü kendi geçmişimizde benzer şeyler yaşadık. Bizler özellikle Büyük Camia'da ortaya çıkma eşiğindeki ırkları ve Evrendeki İlim ve Bilgeliğin ortaya çıkmasını desteklemek için küçük ittifakımızda bir araya gelen birkaç ırkı temsil ediyoruz. Bu ortaya çıkmakta olan ırklar özellikle yabancı etki ve manipülasyona açıktır. Durumlarını yanlış anlama konusunda özellikle savunmasızlar ve bu anlaşılır bir şeydir, çünkü Büyük Camia içindeki yaşamın anlamını ve karmaşıklığını nasıl kavrayabilirler? Bu nedenle insanlığı hazırlamak ve eğitmek için küçük rolümüzü oynamak istiyoruz.

İlk söylemimizde, ziyaretçilerin dört alana katılımının geniş bir tanımını yaptık. İlk alan, hükümetlerde ve dini kurumların başında, önemli insanlar üzerindeki güç etkisidir. İkinci etki alanı, manevi bir eğilimi olan ve kendilerini evrendeki daha büyük güçlere açmak isteyen insanlar üzerindedir. Üçüncü katılım alanı, ziyaretçilerin Zihinsel Çevre üzerindeki etkisinin kullanılabileceği, nüfus merkezlerinin yakınında, dünyadaki stratejik yerlerde kuruluşların inşasıdır. Ve son olarak, bir süredir devam etmekte olan bir program olan, insanlıkla melezleşme programlarından bahsettik.

Bu haberin ne kadar sıkıntılı olabileceğini ve belki de dışarıdan gelen ziyaretçilerin insanlığa nimet ve büyük fayda getireceği yönündeki beklentileri yüksek olan birçok insan için ne kadar hayal kırıklığı yaratabileceğini anlıyoruz. Bunları kabul etmek ve beklemek doğaldır, ancak insanlığın ortaya çıktığı Büyük Camia, özellikle de birçok farklı ırkın birbiriyle rekabet ettiği ve ticaret ve takas için etkileşimde olduğu evrenin zor ve rekabetçi bir ortamdır. Dünyanız böyle bir alanda var olmaktadır. Bu size inanılmaz gelebilir, çünkü her zaman uzayın engin boşluğunda yalnız, tecrit içinde yaşadığınızı düşünmüşsünüzdür. Ama gerçekte ticaret ve takasın kurulduğu ve geleneklerin, etkileşimlerin ve birlikteliklerin uzun zamandır devam ettiği evrenin yaşam dolu olan bir yerinde yaşıyorsunuz. Ve ayrıcalıkla, güzel bir dünyada yaşıyorsunuz - biyolojik çeşitliliğe sahip bir dünya, diğer birçok dünyanın ıssızlığının aksine muhteşem bir yer.

Bununla birlikte, bu aynı zamanda durumunuza aciliyet kazandırır ve gerçek bir risk oluşturur, çünkü başkalarının kendileri için istedikleri şeylere sahipsiniz. Sizi yok etmeyi amaçlamıyorlar ama bağlılığınızı ve ittifakınızı kazanmak istiyorlar ki, böylece dünyadaki varlığınız ve buradaki faaliyetleriniz onların yararına olsun. Olgun ve karmaşık bir takım durumlara giriyorsunuz. Burada küçük çocuklar gibi olamaz ve karşılaşabileceğiniz herkesin iyi niyetli olduğuna inanıp ve umut edemezsiniz. Siz, bilge ve zeki olmalısınız, aynı biz gibi, çünkü zor geçen tarihimiz yüzünden, biz de bilge ve zeki olmak zorunda kaldık. Şimdi insanlık, Büyük Camianın adetlerini, ırklar arasındaki etkileşimin karmaşıklıklarını, ticaretin karmaşıklıklarını ve dünyalar arasında kurulan derneklerin ve ittifakların ince manipülasyonlarını öğrenmek zorunda kalacak. İnsanlık için zor ama önemli bir zaman, doğru hazırlık yapılabiliyorsa büyük bir umut zamanı.

Buradaki ikinci söylemimizde, çeşitli ziyaretçi gruplarının insan işlerine müdahalesi, bunun sizin için ne anlama gelebileceği ve bunun ne gerektireceği hakkında daha ayrıntılı konuşmak istiyoruz. Endişe yaratmaya değil, sorumluluk duygusu uyandırmaya, daha fazla farkındalık yaratmaya ve sizi girdiğiniz hayata hazırlıklı olmaya teşvik etmeye, daha büyük bir hayata değil, aynı zamanda daha büyük sorunları ve zorlukları olan bir hayata hazırlığı teşvik etmeye geldik.

Buraya, Görünmeyenlerin manevi gücü ve varlığıyla gönderildik. Belki de onları melekler gibi arkadaşça bir şekilde düşüneceksiniz, ancak onların Büyük Camia'da rolleri daha büyüktür, onların katılımı ve ittifakları derin ve etkileyicidir. Onların manevi gücü, tüm dünyalardaki ve her yerdeki canlı varlıkları kutsamak ve hem dünyalar içinde hem de dünyalar arasındaki ilişkilerin barışçıl bir şekilde ortaya çıkmasını mümkün kılacak daha derin İlim ve Bilgelik gelişimini teşvik etmektir. Biz onların adına buradayız. Bizden gelmemizi istediler. Ve bize, sahip olduğumuz bilgilerin çoğunu, kendimizi toplayamayacağımız bilgileri verdiler. Onlardan doğanız hakkında çok şey öğrendik. Yetenekleriniz, güçlü yönleriniz, zayıf yönleriniz ve savunmasızlığınız hakkında çok şey öğrendik. Bunları kavrayabiliriz çünkü geldiğimiz dünyalar Büyük

Camia'ya ortaya çıkma eşiğinden geçti. Çok şey öğrendik ve kendi hatalarımızdan çok acı çektik, insanlığın kaçınabileceğini umduğumuz hatalardan.

O zaman sadece kendi deneyimlerimizle değil aynı zamanda bize Görünmeyenlerin verdiği daha derin bir farkındalık ve daha derin bir amaç duygusuyla geliyoruz. Dünyanızı yakındaki bir yerden gözlemliyoruz ve sizi ziyaret edenlerin iletişimini izliyoruz. Kim olduklarını biliyoruz. Nereden geldiklerini ve neden burada olduklarını biliyoruz. Onlarla rekabet etmiyoruz, çünkü dünyayı sömürmek için burada değiliz. Kendimizi İnsanlığın Müttefikleri olarak görüyoruz ve zaman içinde bizim gibi olduğumuzu düşüneceğinizi umuyoruz. Bunu ispatlayamasak da, bunu sözlerimizle ve danışmanlığımızın bilgisiyle göstermeyi umuyoruz. Sizi ileride olanlara hazırlamayı umuyoruz. Aciliyet duygusuyla misyonumuza geldik, çünkü insanlık Büyük Camia'ya için hazırlık aşamasında çok geride. Yıllar önce, insanlarla temas kurmak ve insanları gelecekleri için hazırlamak için yapılan bir çok girişim başarısız oldu. Sadece birkaç kişiye ulaşıldı ve bize söylendiği gibi, bu temasların çoğu yanlış anlaşılmış ve başkaları tarafından farklı amaçlar için kullanılmıştır. Bu nedenle, bizden önce insanlığa yardım teklifinde bulunanların yerine gönderildik. Aynı nedenle birlikte çalışıyoruz. Büyük bir askeri gücü değil, gizli ve kutsal bir ittifakı temsil ediyoruz. Sizin dünyanızda Büyük Camia'da var olan kötülükleri görmek istemiyoruz. İnsanlığın özgürlüğünü ve kendi kaderini tayin kabiliyetini kaybettiğini görmek istemiyoruz. Bunlar gerçek riskler. Bu nedenle, sözlerimizi derinden, korkmadan, mümkünse ve tüm insan kalplerinde bulunduğunu bildiğimiz inanç ve kararlılıkla düşünmenizi öneririz.

Bugün, yarın ve ertesi gün, dünyayı kendi amaçları için ziyaret edenler tarafından insan ırkı üzerinde bir etki ağı kurmak için büyük bir faaliyet devam etmektedir ve devam edecektir. Dünyayı insanlıktan kurtarmak için buraya geldiklerini düşünüyorlar. Hatta bazıları insanlığı kendisinden kurtarmak için burada olduklarına inanıyor. Haklı olduklarını hissediyorlar ve eylemlerinin uygunsuz veya ahlaksız olmadığını düşünüyorlar. Etik değerlerine göre, makul ve önemli olduğu düşünülen şeyi yapıyorlar. Ancak, özgürlüğü seven tüm varlıklar için böyle bir yaklaşım haklı gösterilemez.

Ziyaretçilerin büyüyen etkinliklerini gözlemliyoruz. Her yıl buraya daha fazlası geliyor. Uzaktan geliyorlar. İkmal malzemeleri getiriyorlar. Katılımlarını ve görevlerini derinleştiriyorlar. Güneş sisteminizin birçok yerinde iletişim istasyonları kuruyorlar. Uzaya gönderdiğiniz her şeyi gözlemliyorlar ve faaliyetlerine müdahale edeceğini düşündükleri her şeye karşı koyacak ve yok edecekler. Sadece dünyanızın değil, dünyanızın etrafındaki alanın da kontrolünü kurmaya çalışıyorlar. Bunun nedeni, burada rekabet eden güçlerin olmasıdır. Her biri çeşitli ırkların ittifakını temsil ediyor.

Şimdi ilk söylemimizde konuştuğumuz dört alanın sonuncusuna değinelim. Bunun, insan türüyle melezlenmiş ziyaretçilerle ilgisi var. İlk önce size biraz tarihten bahsedelim. Binlerce yıl önce, sizin zamanınızda, insanlığa daha fazla zeka ve adapte olabilme yeteneği vermek için çeşitli ırklar insanlıkla melezleşmişti. Bu, sizin "Modern İnsan" olarak anladığınız şeyin aniden ortaya çıkmasına neden olan şeydir. Bu size dünyanızda hakimiyet ve güç kazandırdı. Bu uzun zaman önce gerçekleşti. Ancak, şu anda gerçekleşmekte olan melezleşme programı kesinlikle aynı değildir. Farklı bir varlıklar ve farklı ittifaklar tarafından gerçekleştirilmektedir. Melezleşme yoluyla, kendi iştiraklarının bir parçası olacak, ancak dünyanızda hayatta kalabilecek ve dünyayla doğal bir yakınlığa sahip olabilecek bir insan türü yapmaya çalışıyorlar. Ziyaretçileriniz dünyanızın yüzeyinde yaşayamaz. Ya şu an yaptıkları gibi yeraltında sığınacak yer aramalılar ya da genellikle büyük su kütlelerinde sakladıkları kendi gemilerinde yaşamalıdırlar. Öncelikle kendi çıkarlarını korumak için ki bunlar dünyanızın kaynaklarıdır, insanlıkla melezleşmek istiyorlar. İnsan sadakatini güvence altına alınmasını istiyorlar ve bu yüzden birkaç kuşak boyunca ve son yirmi yılda oldukça kapsamlı hale gelen bir melezleme programına katıldılar.

Amaçları iki yönlüdür. Birincisi, belirttiğimiz gibi, ziyaretçiler dünyanızda yaşayabilecek, ancak onlara bağlı olan ve daha büyük hassasiyet ve yeteneklere sahip olacak insan benzeri bir varlık yaratmak istiyor. Bu programın ikinci amacı, karşılaştıkları herkesi etkilemek ve insanları onlara işlerinde yardımcı olmaya teşvik etmektir. Ziyaretçiler insani yardım istiyor ve buna ihtiyaç duyuyorlar. Bu, programlarını her bakımdan ilerletmektedir. Sizi değerli buluyorlar. Ancak, sizi akranları veya eşitleri olarak görmezler. Sizi faydalı olarak algılıyorlar. Bu nedenle, karşılaşacakları her şeyde, alacakları her şeyde ziyaretçiler, üstünlükleri, değerleri ve dünyadaki çabalarının önemi ve önemi hakkında bir fikir oluşturmaya çalışacaklardır. Ziyaretçiler, temasta bulundukları herkese iyiliği için burada olduklarını söyleyecekler ve alıkoydukları herkese korkmalarına gerek duyulmamasını garanti edeceklerdir. Ve özellikle anlayışlı görünenler ile ittifaklar kurmaya çalışacaklar - ortak bir amaç duygusu, hatta paylaşılan bir kimlik ve aile duygusu, miras ve kader bağı kurmaya çalışacaklardır.

Ziyaretçiler programlarında insan fizyolojisi ve psikolojisini çok yoğun bir şekilde incelediler ve özellikle de insanların istediği ancak sahip olamadıkları, barış ve düzen, güzellik ve huzur gibi şeyleri istismar edecekler. Bunlar sunulacaklar ve bazı insanlar inanacak. Diğerleri ise ihtiyaç duyulduğunda basitçe kullanılacaktır.

Burada ziyaretçilerin dünyayı korumak için yaptıklarının tamamen uygun olduğuna inandığını anlamak gerekir. İnsanlığa büyük bir hizmet yaptıklarını hissediyorlar ve bu yüzden ikna çabalarına gönülden inanıyorlar. Ne yazık ki, bu Büyük Camia hakkında büyük bir gerçeği gösteriyor - gerçek Bilgelik ve gerçek İlim evrende sizin dünyanızda göründüğü kadar nadirdir. Diğer ırkların, hilecilik, bencil uğraşlar, rekabet ve çatışmayı geride bıraktıklarını ümit etmek ve beklemek doğaldır. Ama, ne yazık ki, durum böyle değil. Daha büyük teknoloji, bireylerin zihinsel ve ruhsal gücünü arttırmaz.

Bugün defalarca kendi iradesine karşı alıkonulmakta olan birçok insan var. İnsanlığın bir çok batıl inancı var ve anlayamayacağı şeyleri inkar etmeyi seçtiği için, bu talihsiz faaliyet önemli bir başarı ile sürdürülmektedir. Şimdi bile, dünyanızda yürüyen, yarı insan, yarı yabancı, karma insanlar var. Bunların az sayıdalar, ancak sayıları gelecekte artacaktır.

Belki bir gün bunlardan biriyle karşılaşacaksınız. Sizinle aynı gözükecekler ama farklı olacaklar. Onların insan olduğunu düşüneceksiniz, ancak temel bir şey onlarda eksik gibi görünecek, bu dünyanızda olan değerli bir şey. Bu bireyleri ayırt etmek ve tanımlamak mümkündür, ancak bunu yapabilmek için, Zihinsel Ortamda yetenekli olmanız ve Büyük Camia İlmi ve Bilgeliğinin ne anlama geldiğini öğrenmeniz gerekir.

Bunu öğrenmenin en büyük öneme sahip olduğunu düşünüyoruz, çünkü dünyanızda olan her şeyi görüyoruz ve Görünmeyenler göremediğimiz ya da erişemediğimiz şeyler konusunda bize danışmanlık yapıyor. Bu olayları anlıyoruz, çünkü bunlar Büyük Camia'da sayısız kere oldu, çünkü etki ve ikna, etkili bir şekilde yanıt veremeyecek kadar zayıf ya da savunmasız olan ırklara karşı kullanıldı.

Umuyoruz ki bu mesajı duyan hiçbiriniz bu insan yaşamını ihlal etme girişimlerinin yararlı olduğunu düşünmezsiniz. Etkilenenler, bu karşılaşmaların hem kendileri hem de dünya için yararlı olduğunu düşüneceklerdir. İnsanların manevi özlemleri, barış ve uyum arzuları, aileleri ve katılımları ziyaretçiler tarafından ele alınacaktır. İnsan ailesi hakkında çok özel bir şeyi temsil eden bu şeyler, Bilgelik ve hazırlık olmadan, savunmasızlığınızın bir işaretidir. Sadece İlim ve Bilgelik ile güçlü olan bireyler bu iknaların arkasındaki aldatmayı görebilirler. Sadece onlar, insan ailesi üzerinde yapılan aldatmacayı görebilecek durumdalar. Sadece onlar zihinlerini bugün Dünya'nın birçok yerinde Zihinsel Ortamda yapılan etkiye karşı koruyabilirler. Sadece onlar görecek ve bilecekler.

Sözlerimiz yeterli olmayacak. Kadınlar ve erkekler görmeyi ve bilmeyi öğrenmeli. Biz ancak bunu teşvik edebiliriz. Buraya dünyanıza gelmemiz, Büyük Camia Maneviyatı öğretiminin sunumuna uygun olarak gerçekleşti, çünkü hazırlık şu an burada ve bu yüzden bir yüreklendirme kaynağı olabiliriz. Hazırlık burada olmasaydı, önerilerimizin ve teşvik edilmemizin yeterli olmayacağını ve başarılı olamayacağını biliyorduk. Yaratıcı ve Görünmeyenler, insanlığı Büyük Camia için hazırlamak ister. Aslında bu, şu an insanlığın en önemli ihtiyacıdır.

Bu nedenle, insanoğlunun, çocuklarının ve ailelerinin alıkoyunmasınını insanlık için bir faydası olduğuna inanmamanızı tavsiye ederiz. Bunu vurgulamalıyız. Özgürlüğünüz değerlidir. Bireysel özgürlüğünüz ve bir ırk olarak özgürlüğünüz çok değerlidir. Bizlerin özgürlüğümüzü yeniden kazanmamız çok uzun sürdü. Sizinkini kaybettiğinizi görmek istemiyoruz.

Dünyada gerçekleşen melezleme programı devam edecek. Durdurulmasının tek yolu, insanların bu daha fazla farkındalık ve iç otorite hissini kazanmasıdır. Sadece bu izinsiz ihlalleri sona erdirir. Sadece bu onların arkasındaki aldatmacayı ortaya çıkaracaktır. Bunun sizin halkınız için, erkekler ve kadınlar için, küçükler için, bu muamelenin, bu yeniden eğitim, bu pasifikasyonun ne kadar korkunç olduğunu hayal etmek bizim için zor. Değerlerimize göre, bu iğrenç görünüyor ve bunların Büyük Camia'da gerçekleştiğini ve eskiden beri oluştuğunu biliyoruz.

Belki de sözlerimiz daha fazla soru üretecektir. Bu sağlıklı ve bu doğal, ancak tüm sorularınızı cevaplayamıyoruz. Kendiniz için cevaplar elde etmenin yollarını bulmalısınız. Ancak bunu bir hazırlık olmadan yapamazsınız ve bunu bir yönelim olmadan yapamazsınız. Bu zamanda, insanlık bir bütün olarak, anlıyoruz ki, Büyük Camia iletişimi ve manevi tezahür arasında ayrım yapamaz. Bu gerçekten zor bir durum çünkü ziyaretçileriniz zihinlere görüntüler yansıtabiliyor, Zihinsel Çevre aracılığıyla insanlarla konuşabiliyor ve sesleri insanlar tarafından alınabiliyor. Bu tür bir etki yaratabilirler, çünkü insanlık henüz bu tür bir beceri ya da farkındalığa sahip değil.

İnsanlık birleşmiş değildir. Parçalanmış haldedir. Kendisi ile kavga ediyor. Bu, sizi dış müdahale ve manipülasyona karşı çok savunmasız hale getirir. Ziyaretçileriniz, ruhsal arzularınızın ve eğilimlerinizin sizi özellikle savunmasız yaptığını ve sizi kendi kullanımları için iyi birer örnek yaptığını anlıyor. Bu şeylerle ilgili gerçek nesnelliği elde etmek ne kadar zor. Geldiğimiz yerde bile, bu çok zor oldu. Ancak, Özgür kalmak ve Büyük Camia'da kendi kaderini tayin etmek isteyenler için, bu becerileri geliştirmeli ve başkalarından arama yapmak zorunda kalmamaları için kendi kaynaklarını korumalıdır. Dünyanız kendi kendine yeterliliğini kaybederse, özgürlüğünün çoğunu kaybedecek. Yaşamanız gereken kaynakları aramak için dünyanızın ötesine gitmek zorunda kalırsanız, gücünüzün çoğunu başkalarına kaybedersiniz. Dünyanızın kaynakları hızla azaldığından, bu, uzaktan izleyenler için ciddi bir endişe kaynağıdır. Ayrıca ziyaretçileriniz de endişe duyuyor, çünkü sizin için değil kendileri için çevrenizin tahrip edilmesini önlemek istiyorlar.

Melezleme programın tek bir amacı var ve bu da ziyaretçilerin dünya içinde bir varlık ve komuta edici bir etki yaratmalarını sağlamak. Ziyaretçilerin, kaynaklarınız dışında, sizden ihtiyaç duydukları bir şeyden mahrum olduğunu düşünmeyin. İnsanlığına ihtiyaç duyduklarını sanmayın. İnsanlığın yalnızca dünyadaki konumlarını garanti altına almasını istiyorlar. Gurur duymayın. Kendinizi bu tür düşüncelere daldırmayın. İzinsiz olarak buradalar. Durumu açıkça olduğu gibi görmeyi öğrenirseniz, göreceksiniz ve bu şeyleri kendiniz bileceksiniz. Neden burada olduğumuzu ve insanlığın neden daha geniş bir Akıllı Yaşam Topluluğu içinde müttefiklere ihtiyaç duyduğunu anlayacaksınız. Ve daha fazla İlim ve Bilgelik öğrenmenin ve Büyük Camia Maneviyatı öğrenmenin önemini göreceksiniz.

Çünkü bu şeylerin başarı için, özgürlük, mutluluk ve güç için hayati önem taşıdığı bir ortama girdiğiniz için, kendinizi Büyük Camia'da bağımsız bir ırk olarak kurmak için daha fazla İlim ve Bilgeliğe ihtiyacınız var. Ancak, bağımsızlığınız her geçen gün kayboluyor. Ve belki de bir şekilde hissedebiliyor olsanız da, özgürlüğünüzün kaybını göremeyebilirsiniz. Onu nasıl görebilirsiniz? Dünyanızın dışına çıkamaz ve onu çevreleyen olaylara tanıklık edemezsiniz. Karmaşıklıklarını, etik değerlerini veya değerlerini anlamak için bugün dünyada faaliyet gösteren yabancı güçlerin siyasi ve ticari iştiraklarına erişiminiz yok.

Evrendeki ticaret için seyahat eden herhangi bir ırkın ruhsal olarak gelişmiş olduğunu asla düşünmeyin. Ticaret arayanlar avantaj ararlar. Dünyadan dünyaya seyahat edenler, kaynak araştırmacısı olanlar, kendi bayraklarını dikmek isteyenler manevi olarak gelişmiş sayılmayanlardır. Onları manevi olarak gelişmiş olarak görmüyoruz. Dünyasal güç var ve manevi güç var.

Bu şeyler arasındaki farkı anlayabilirsiniz ve şimdi bu farkı daha büyük bir ortamda görmeniz gerekir.

Öyleyse, özgürlüğünüzü sürdürmeniz, güçlü ve anlayışlı olmanız ve bilmediğiniz kişilerden barış, güç ve katılma sözlerine kanmamanız için size bağlılık ve güçlü bir teşvik duygusuyla geliyoruz. Ve her şeyin insanlık için, hatta kişisel olarak sizin için iyi olacağını düşüncesiyle kendinizi kandırmayın çünkü bu Bilgelik değildir. Çünkü herhangi bir yerdeki Bilge, etraflarındaki yaşamın gerçekliğini görmeyi öğrenmeli ve bu yaşamı faydalı bir şekilde müzakere etmeyi öğrenmelidir.

Bu nedenle, teşviklerimizi alın. Bu konularla ilgili tekrar konuşacağız ve sağduyu ve ihtiyat kazanmanın önemini göstereceğiz. Ve ziyaretçilerinizin dünyadaki iştiraklerini anlamanız için çok önemli olan alanlarda daha fazla konuşacağız. Sözlerimizi alabileceğinizi umuyoruz.

# Mühim Bir Uyarı

Dünyanızın işleriyle ilgili olarak sizinle daha fazla konuşmak ve mümkünse görüş noktamızdan ne görüyorsak sizin de gelip bu noktadan görmenize yardımcı olmak için istekliyiz. Bunun zor olduğunu ve kaygı ve endişeye yol açacağının farkındayız, ama sizin bilgilendirilmeniz gerekiyor.

Durum bizim bakış açımızdan çok kasvetli ve insanların doğru şekilde bilgilendirilmemesi durumunda bunun büyük bir felaket olacağını düşünüyoruz. Dünyada ve diğer birçok dünyalarda, içinde yaşadığınız çok açık bir aldatmaca var, açık ve net görünse de, tanınmıyor, işaretleri ve haberleri farkedilmiyor. Bu nedenle, varlığımızın resmi netleştirmeye yardımcı olabileceğini ve gerçekte orada olanı görmeniz için size ve başkalarına yardım edebileceğini umuyoruz. Bu tavizler algımızda yoktur, çünkü anlattığımız şeylere tanıklık etmek için gönderildik.

Zamanla, belki bu şeyleri kendi başınıza da bilebilirsiniz, ama bu tür bir zamanınız yok. Şu an vakit az. İnsanlığın, Büyük Camia'dan gelen güçlerin ortaya çıkması ile gereken hazırlığı çok geride kalmış. Birçok önemli insan cevap vermedi. Ve dünyaya izinsiz girişler, başlangıçta mümkün olabileceğinden çok daha süratli bir şekilde hızlandı.

Yeterli zaman olmadığı halde geldik, ancak bu bilgiyi paylaşmanız için teşvik ediyoruz. Daha önceki mesajlarımızda belirttiğimiz gibi, dünyaya sızılmış durumda ve Zihinsel Çevre şartlandırılıyor ve hazırlanıyor. Amaç, insanları yok etmek değil, onları işe almak, daha büyük bir "kolektif" için işçi olmalarını sağlamaktır. Dünyadaki kuruluşlar ve elbette doğal çevre değerli olarak görülüyor, ve ziyaretçiler kendi kullanımları için korunmalarını tercih ediyorlar. Burada yaşayamazlar ve böylece bağlılığınızı kazanmak için tarif ettiğimiz tekniklerin çoğunu kullanıyorlar. Bu şeyleri açıklığa kavuşturmak için açıklamaya devam edeceğiz.

Buraya gelişimiz, en az doğrudan ulaşmamız gerekenlerin hazır bulunmamasının eksikliği olan pek çok faktör tarafından engellenmiştir. Bu kitabın yazarı olan konuşmacımız, sağlam bir iletişim kurabildiğimiz tek kişiydi. Söz veren birkaç kişi daha var, ancak konuşmacımıza temel bilgileri vermeliyiz.

Ziyaretçilerinizin bakış açısından, öğrendiğimiz gibi, Birleşik Devletler dünya lideri olarak kabul edilir ve bu nedenle burada en fazla vurgu yapılacaktır. Ancak, diğer büyük uluslarla da temasa geçilecek, çünkü onların da iktidarı elinde tuttukları kabul ediliyor ve iktidar ziyaretçiler tarafından anlaşılıyor, çünkü kendileri iktidarı sorgulamadan ve dünyanızda görünenden çok daha büyük ölçüde takip ediyorlar.

En güçlü ulusların liderlerini, ziyaretçilerin varlığına karşı duyarlı olmaları ve karşılıklı yarar vaadiyle ve hatta bazılarına dünyaya hakim olma vaadiyle işbirliği yapmak için hediyeler ve teşvikler almaya ikna etmek için girişimlerde bulunulacaktır. Dünyada iktidar koridorlarında yürüyen ve bu teşviklere cevap verecek olanlar olacak, çünkü burada insanlığı nükleer savaş hayaletinin ötesinde, yeni bir topluma, kendi amaçları için liderlik edecekleri dünyadaki bir topluma götürmek için büyük bir fırsat olduğunu düşünecekler. Oysa bu liderler aldatıldı, çünkü bu alemin anahtarları onlara verilmez. Onlar sadece iktidarın geçişinde arabulucu olacaklar.

Bunu anlamalısınız. O kadar da karmaşık değil. Bizim açımızdan ve bakış açımıza göre bu çok açık. Bunun başka yerlerde olduğunu gördük. Kendi kollektiflerine sahip ve yerleşmiş organizasyonları olan ırk örgütlerinin sizinki gibi gelişmekte olan dünyaları üye alma yollarından birisi budur. Onlar planlarının erdemli olduğuna ve dünyanızın iyileştirilmesi için gerekli olduğuna inanıyor, çünkü insanlığa çok saygı duyulmuyor. Onların perspektifinden bazı konularda erdemli olmanıza rağmen, yükümlülükleriniz kendi potansiyelinize göre ağır bastığı düşünülüyor. Bu görüşü kabul etmiyoruz, etseydik bulunduğumuz konumda olmazdık ve size İnsanlık Müttefikleri olarak hizmetlerimizi sunamazdık.

Bu nedenle, şimdi ayırt etme konusunda büyük bir mücadele, büyük bir zorluk var. Buradaki zorluk, insanlığın müttefiklerinin gerçekte kim olduğunu anlamalarını ve onları potansiyel rakiplerinden ayırt edebilmelerini sağlamaktır. Bu konuda tarafsız parti yok. Dünya çok değerlidir, kaynakları eşsiz ve dikkate değerdir. İnsan işlerine karışmış tarafsız parti yoktur. Yabancı Müdahalesinin gerçek doğası, etki ve kontrol uygulamak ve sonunda burada egemenlik kurmaktır. Biz ziyaretçi değiliz. Biz gözlemciyiz. Dünyanız üzerinde hiçbir hak iddia etmiyoruz ve kendimizi burada yerleştirmek için bir gündemimiz yok. Bu nedenle isimlerimiz gizlidir, çünkü danışmanlığımızı bu şekilde sağlama yeteneğimizin ötesinde sizinle ilişkiler kurmuyoruz. Sonucu kontrol edemeyiz. Size yalnızca bu büyük olayların ışığında yapmanız gereken seçimler ve kararlar hakkında öneride bulunabiliriz.

İnsanlığın büyük bir vaadi vardır ve zengin bir manevi mirasa sahip olmuştur, ancak içinde ortaya çıktığı Büyük Camia hakkında eğitimden yoksundur. İnsanlık kendi içinde bölünmüş ve çekişmelidir, bu durum onu manipülasyona ve sınırlarınızın ötesinden izinsiz girişlere karşı savunmasız hale getirir. Halklarınız günün endişeleriyle meşgul, ancak yarının gerçekliği tanınmıyor. Dünyanın büyük hareketini görmezden gelerek ve bugün gerçekleşmekte olan Müdahalenin sizin yararınıza olduğunu varsayarak hangi faydayı elde edebilirsiniz? Elbette, gerçeği görseniz aranızdaki bunu söyleyebilecek bir kişi bile olmaz.

Bir bakıma, bu bir bakış açısı meselesidir. Biz görebiliyoruz ve siz göremiyorsunuz, çünkü bakış açınız yok. Gördüklerimizi görmek için, dünyanızın etkisinin dışında, dünyanızın ötesinde olmalısınız. Yine de ne gördüğümüzü görmek için gizli kalmalıyız çünkü keşfedilirsek, kesinlikle yok ediliriz. Ziyaretçileriniz için buradaki görevlerini son derece değerli olarak kabul ediyorlar ve Dünya'yı diğerlerinin yanı sıra en büyük beklentileri olarak görüyorlar. Bizim yüzümüzden durmayacaklar. Dolayısıyla değer vermeniz ve savunmanız gereken kendi özgürlüğünüzdür. Bunu sizin için biz yapamayız.

Her dünya, Büyük Camia'da kendi birliğini, özgürlüğünü ve kendi kaderini tayin etmek istiyorsa, bu özgürlüğü oluşturmalı ve gerekiyorsa savunmalıdır. Aksi takdirde,yabancı hakimiyeti kesinlikle gerçekleşecek ve tamamlanacaktır.

Ziyaretçileriniz neden dünyanızı istiyor? Bu çok çok açık. Özellikle ilgilendikleri sizler değilsiniz. İlgilendikleri dünyanızın biyolojik kaynaklarıdır. Bu güneş sisteminin stratejik konumudur. Onlara yalnızca, bu şeyler değerli ve kullanılabildiği ölçüde yararlısınız. Size istediklerinizi teklif edecekler ve duymak istediklerinizi söyleyecekler. Teşvikler sunacaklar ve dinlerinizi ve dini ideallerinizi, dünyanızın ihtiyaçlarını sizden daha fazla anladıklarını iddia edecekler ve burada barış ve huzur sağlamak için ve bu ihtiyaçlara hizmet edebilmeleri için sizlerin güvenini kazanmak için çalışacaklar. İnsanlık, birliği ve düzeni tesis edemez gibi gözüktüğü için, birçok insan zihinlerini ve kalplerini, bunu yapma ihtimalinin yüksek olacağına inandıklarına açacak.

İkinci söylemde, melezleme programdan kısaca bahsettik. Bazıları bu fenomeni duymuş ve bununla ilgili bazı tartışmaların olduğunu biliyoruz. Görünmeyenler bize böyle bir programın var olduğuna dair artan bir farkındalığın olduğunu söylediler, ancak inanılmaz derecede, insanlar bu konuda bir müdahalenin ne anlama gelebileceğini ele almak için donanımlı değiller, konuyla ilgili tercihleri yüzünden açıkça ortaya çıkan sonuçları göremiyorlar. Açıkçası, melezleme program, insanlığın fiziksel dünyaya uyumunu ziyaretçilerin grup zihni ve kollektif bilinci ile birleştirme girişimidir. Bu programın çocukları, insanlığa ziyaretçilerin niyetlerinden ve ziyaretçilerin kampanyasından doğan bir liderlik, yeni liderlik sağlamak için mükemmel bir konumda olacaktır. Bu bireylerin dünyada kan bağı olur ve böylece diğerleri onlarla akraba olur ve varlıklarını kabul edebilir. Size karşı ve içinizde bulunduğunuz duruma karşı sempati duyabilseler de, Büyük Camia İlmi ve Anlayışı ile eğitimedikleri için size yardım etmek ya da onları besleyen ve onlara hayat veren ziyaretçilerin kollektif bilincine karşı gelmek gücüne sahip olamazlar.

Görüyorsunuz ya, bireysel özgürlük ziyaretçiler tarafından değerli olarak görülmüyor. Onun pervasız ve sorumsuz olduğunu düşünüyorlar. Sadece imtiyazlı ve kutsanmış olarak gördükleri kendi kollektif bilinçlerini anlarlar. Yine de onlar, evrende İlim denilen gerçek maneviyata erişemezler, çünkü İlim, bir bireyin kendini keşfetmesinden doğar ve yüksek çapta bir ilişki yoluyla ortaya çıkar. Bu fenomenlerin hiçbiri de ziyaretçilerin sosyal yapısında mevcut değil. Kendileri için düşünemezler. Onların iradesi yalnız onların değil. Doğal olarak, dünyanızda bu iki büyük olguyu geliştirme umutlarına saygı gösteremezler ve kesinlikle bu tür şeyleri teşvik edecek konumda değildirler. Sadece uyum ve bağlılık ararlar. Ve dünyada geliştirecekleri manevi öğretiler, daha önce kazanılmamış bir güveni kazanmak için insanları itaatkar, açık ve şüphesiz yapmalarına hizmet edecektir.

Bunları daha önce başka yerlerde gördük. Bütünüyle dünyaların bu kolektiflerin kontrolüne geçtiğini gördük. Evrende bu türden bir çok kolektifler var. Bu tür kolektifler gezegenler arası ticaretle uğraştığı ve geniş bölgelere yayıldığı için sapma olmadan katı bir uyuma bağlı kalırlar. Aralarında bireysellik yoktur, en azından sizin tanıyabileceğiniz hiçbir şekilde yoktur.

Kendi dünyanızda bunun nasıl olabileceğine dair bir örnek verebileceğimizden emin değiliz, ancak bize dünyanızdaki ticari amaçlarla yayılan, muazzam gücü elinde bulunduran ve sadece birkaç kişi tarafından yönetilen organizasyonlar olduğu söylendi. Bu belki de tarif ettiklerimiz için iyi bir benzetmedir. Ancak tarif ettiğimiz şey, dünyada iyi bir örnek olarak sunabileceğiniz her şeyden çok daha güçlü, yaygın ve iyi kurulmuş bir şeydir.

Her yerde zeki yaşam, korkunun yıkıcı bir güç olabileceği doğrular. Yine de korku, doğru algılandığında sizi tehlikenin varlığından haberdar etmek gibi tek bir amaca hizmet eder. Endişeliyiz ve bu korkumuzun doğasıdır. Neyin risk altında olduğunu anlıyoruz. Endişemizin doğası budur. Korkunuz neden doğduğunu ve ne olduğunu bilmiyorsunuz, bu yüzden yıkıcı bir korku. Sizi güçlendirebilen veya dünyanızda neler olup bittiğini kavramak için ihtiyacınız olan algıyı veremeyen bir korku. Bilgilenirseniz, korku kaygıya, kaygı da yapıcı eyleme dönüşür. Bunu tarif etmenin başka bir yolu olmadığını biliyoruz.

Melezleme program çok başarılı oluyor. Şimdiden, dünyanızda yürüyen, ziyaretçilerin bilincinden ve kolektif çabalarından doğanlar bireyler vardır. Uzun süre burada kalamazlar, ancak sadece birkaç yıl içinde, dünyanızın yüzeyinde kalıcı olarak yaşayabilecekler. Genetik mühendisliğinin mükemmelliği ile, sizden sadece biraz farklı görünecekler, fiziksel görünümlerinden ziyade, kendi tarzları ve varlıkları farklı olacak, muhtemelen farkedilmeyecekleri ve tanınmayacakları bir noktaya gelecekler. Ancak, daha büyük zihinsel kabiliyetlere sahip olacaklar. Ve bu onlara Kavrama Yolu'nda eğitim almadıkça, sizin eşleştiremeyeceğiniz avantajlar sağlayacaktır.

Bu, insanlığın ortaya çıktığı gerçek gerçekliktir - harikalar ve dehşetlerle dolu bir evren, bir etki dünyası, bir rekabet dünyası, aynı zamanda Lütuf ile dolu bir evren, aynı kendi dünyanız gibi. Aradığınız cennet burada değil. Ancak, mücadele etmeniz gereken kuvvetler burada. Bu, ırkınızın karşılaşacağı en büyük eşiktir. Grubumuzdaki her birimiz, kendi dünyalarımızda bununla karşı karşıya kaldık ve büyük bir başarısızlık yaşadık, sadece bir miktar başarı vardı. Özgürlüklerini ve izolasyonlarını koruyabilen ırkları güçlü ve birlik haline gelmeli ve bu özgürlüğü korumak için Büyük Camia ile etkileşimlerinden büyük ölçüde geri çekilmelidir.

Bunları düşünürseniz, belki de kendi dünyanızda neticeler göreceksiniz. Görünmeyenler bize manevi gelişiminiz ve bunun vaadleriyle ilgili olarak bize çok şey anlattılar, ancak bize aynı zamanda ruhsal eğilimlerinizin ve ideallerinizin şu anda büyük ölçüde manipüle edildiğini de bildirmişlerdir. Şu an dünyaya, insanların uyumlu ve uysal olmasını isteyen, insanların eleştirel yeteneklerini kısıtlamayı ve önemli değerlerini askıya güden sadece zevki ve rahatı teşvik eden öğretiler sunulmaktadır. Bu öğretiler, insanların tanımlayamadıkları daha büyük kuvvetlere tamamen bağımlı olduklarını düşündükleri bir noktaya ulaşana kadar insanların kendi içindeki İlime erişme kabiliyetlerini devre dışı bırakmaları için verilmiştir. Bir noktadan sonra onlara yapmaları söylenen her şeyi takip edecekler ve bir şeyin yanlış olduğunu hissetseler bile, artık direnme gücüne sahip olmayacaklar.

İnsanlık uzun süredir tecrit edilmiş olarak yaşadı. Belki de böyle bir Müdahalenin gerçekleşemeyeceğine ve her insanın kendi bilinci ve aklı üzerinde mülkiyet haklarına sahip olduğuna inanılmaktadır. Ancak bunlar sadece varsayımlardır. Yine de, dünyanızdaki Bilgelerin bu varsayımların üstesinden gelmeyi öğrendiği ve kendi Zihinsel Ortamlarını kurma gücü kazandığı söylendi.

Sözlerimizin çok geç olduğundan ve çok az etkisi olabileceğinden ve bizi kabul etmeyi seçen kişinin bu bilgiyi yaymak için çok az yardım ve destek alacağından korkuyoruz. O inanmama ve alay etme ile karşılaşacak, çünkü ona inanılmayacak ve konuştukları birçok kişinin doğru olarak kabul ettiği ile ters düşecek. Yabancıların ikna ağına düşenler, özellikle de ona karşı çıkacaklar, çünkü konuyla ilgili başka bir seçeneğe sahip değiller.

Bu kasvetli duruma karşın tüm yaşamın Yaratıcısı bir hazırlık, manevi yetenek ve ayırt etme, güç ve başarı öğretisi göndermiştir. Biz evrende diğerlerinin olduğu gibi, böyle bir öğretinin öğrencileriyiz. Bu öğreti bir İlahi müdahale şeklidir. Dünyadaki kimseye ait değil. Herhangi bir ırkın mülkü değildir. Herhangi bir kahraman, kadın kahraman veya herhangi bir bireyin etrafında toplanmamıştır. Böyle bir hazırlık şimdi mevcuttur. Bu gerekli olacak. Bizim açımızdan, şu an için İnsanlığa Büyük Camia'da yeni yaşamınızla ilgili bilge ve anlayışlı olma fırsatı verebilecek tek şey bu.

Dünyanızda kendi tarihinizde olduğu gibi, yeni topraklara ilk ulaşan kaşifler ve fatihlerdir. Başkalarını düşünen sebeplerden dolayı gelmezler. Güç, kaynaklar ve egemenlik arayışı içinde gelirler. Bu hayatın doğasıdır. İnsanlık, Büyük Camia işlerinde iyi eğitilmiş olsaydı, daha önce karşılıklı bir anlaşma yapılmadığı sürece, dünyanızın ziyaretine karşı koyardınız. Dünyanızın bu kadar savunmasız kalmasına izin vermeyecek kadar bilginiz olurdu.

Şu anda, burada avantaj sağlamak için yarışan birden fazla kolektif var. Bu, insanlığı alışılmadık ama aydınlatıcı bir koşulların ortasına yerleştirir. Bu nedenle ziyaretçilerin mesajlarının çoğu zaman tutarsız görünecek. Aralarında çelişki var, ancak karşılıklı yararın tanınması halinde birbirleriyle müzakere edecekler. Ancak, hala rekabet halindedirler. Onlara göre, bu sınır. Onlar için, sadece faydalı olarak değerlisiniz. Artık yararlı olarak tanınmıyorsanız, sizden kurtulacaklardır.

Burada, dünyanızdaki insanlar için ve özellikle güç ve sorumluluk sahibi olanlar için manevi bir varlık ile Büyük Camia'dan gelen bir ziyaret arasındaki farkı tanımak konusunda büyük bir zorluk var. Ancak, bu ayrımı yapacak çerçeveye nasıl sahip olabilirsiniz? Böyle şeyleri nereden öğrenebilirsiniz? Sizin dünyanızda, Büyük Camianın gerçekliğini öğretebilecek konumda kim var? Sadece dünyanın ötesi bir öğreti, sizi dünyanın ötesi bir hayata hazırlayabilir ve dünyanın ötesindeki hayat şimdi sizin dünyanızda, kendini burada yerleştirmeye çalışıyor, etkisini genişletmek istiyor, insanların aklını, kalbini ve ruhlarını kazanmak istiyor. Bu çok basit. Ve yine de çok yıkıcı.

Bu nedenle, bu mesajlardaki görevimiz harika bir uyarı getirmektir, ancak uyarı yeterli değildir. Halkınız arasında bir tanıma olmalı. En azından burada yeterince insan arasında, şu anda karşı karşıya olduğun gerçeğin bir anlayışı olmalı. Bu, insanlık tarihindeki en büyük olay - insan özgürlüğüne en büyük tehdit ve insan birliği ve işbirliği için en büyük fırsat. Bu büyük avantajları ve olasılıkları kabul ediyoruz, ancak her geçen gün, umut kayboluyor; gittikçe daha fazla insan alıkonuldukça ve farkındalıkları yeniden kazanılıyor ve yeniden yapılandırılıyor; gittikçe daha fazla ziyaretçilerin yarattığı manevi öğretileri öğreniyor ve gittikçe daha fazla insan uysal hale geliyor, farkındalığını kaybediyor.

Görünmeyenlerin talebiyle, bu kapasitede gözlemci olarak hizmet etmeye geldik. Başarılı olmamız durumunda, size bu bilgiyi vermeye devam edecek kadar uzun süre dünyanızın yakınında kalacağız. Bunun ötesinde kendi evimize döneceğiz. Başarısız olursak ve rüzgar insanlığa karşı dönerse ve büyük karanlık dünyaya gelir, ve egemenliğini sağlarsa, o zaman ayrılmak zorunda kalacağız, görevimiz yerine getirilmediği halde. Her iki durumda da, sizinle kalamayız, ancak eğer umut verici olursanız, kendi himayenizi temin edene kadar, korunana kadar kalmalıyız. Buna, kendi kendine yeterli olmanız şartı da dahildir. Diğer ırklarla olan ticaretinize bel bağlarsanız, bu insanlık için dünyanın ötesinden çok büyük bir manipülasyon riski yaratır, çünkü burada uygulanabilecek ve şimdi uygulanmakta olan Zihinsel Ortamdaki güce direnecek kadar güçlü değilsiniz.

Ziyaretçiler, "insanlığın müttefikleri" olduğu izlenimini yaratmaya çalışacaklar. İnsanlığı kendisinden kurtarmak için burada olduklarını, insanlığın kendisi için sağlayamayacağı, dünyada gerçek düzen ve uyumu sadece kendilerinin kurabileceklerini ve bu büyük umutu sunabileceklerini söyleyecekler. Fakat dünyada sunacakları gerçek düzen ve uyum onların düzen ve uyumu olacak, sizin değil. Fakat bu düzen ve bu uyum sizin olacak, sizin değil. Ve söz verdikleri özgürlük, sizin hoşlanacağınız bir özgürlük olmayacak.

# Dini Gelenek ve İnançların Manipülasyonu

Bugün ziyaretçilerin dünyadaki faaliyetlerini anlamak için, ziyaretçilerin dünyadaki dini kurumlar ve değerler üzerindeki etkileriyle ve Büyük Camia'nın birçok yerindeki akıllı yaşam için de yaygın olan temel manevi dürtüleriniz üzerindeki etkileri hakkında daha fazla bilgi sunmalıyız.

Ziyaretçilerin dünyada şu anda yürüttükleri etkinliklerin, daha önce Büyük Camia'da birçok farklı yerde, bir çok farklı kültüre daha önce yapıldığını söyleyerek başlamalıyız. Ziyaretçileriniz bu faaliyetlerin yaratıcısı değil, yalnızca onların bu tür etkinliklerden haberdar oldukları ve daha önce kullandıkları için kendi takdirleri doğrultusunda kullanmaktadırlar.

Nüfuz ve manipülasyondaki becerilerin Büyük Camia'da çok yüksek bir işlevsellik düzeyinde geliştirildiğini anlamanız önemlidir. Irklar teknolojik olarak daha usta ve gelişmiş hale geldikçe, birbirleri üzerinde daha ince ve daha yaygın etki türleri uygularlar. İnsanlar sadece şimdiye kadar birbirleriyle rekabet edebilmek için evrimleşmişlerdir, dolayısıyla henüz bu uyarlanabilir avantaja sahip değilsiniz. Bu tek başına bu materyali size sunma nedenlerimizden birisidir. Yeni becerilerin öğrenilmesinin yanı sıra, doğal yeteneklerinizin geliştirilmesini gerektiren yepyeni bir koşul kümesine giriyorsunuz.

İnsanlık benzersiz bir durumu temsil etse de, Büyük Camia'da ortaya çıkma, diğer ırklarla daha önce defalarca gerçekleşti. Bu nedenle, size yapılanlar daha önce yapıldı. Oldukça gelişmiş bir durumdur ve şimdi yaşamınıza ve durumunuza göreceli kolaylığı olduğunu düşündüğümüz bir durumla adapte ediliyor.

Ziyaretçiler tarafından uygulanan Pasifize Etme Programı, kısmen bunu mümkün kılıyor. Barışçıl ilişkilere olan doğal eğilim ve savaş ve çatışmadan kaçınma arzusu takdire şayandır, ancak gerçekten de size karşı kullanılıyor. En asil dürtüleriniz bile başka amaçlar için kullanılabilir. Bunu kendi tarihimizde, kendi doğamızda ve kendi toplumumuzda gördük. Barış ancak bilgeliğin, işbirliğinin ve gerçek kabiliyetin sağlam bir temeli üzerine kurulabilir.

İnsanlık, doğal olarak kendi kabileleri ve ulusları arasında barışçıl ilişkiler kurmakla ilgilenmiştir. Ancak şimdi, daha büyük bir sorun ve zorluk kümesi var. Bunları gelişiminiz için bir fırsat olarak görüyoruz, çünkü yalnızca Dünyayı birleştirecek ve bu birliğin gerçek, güçlü ve etkili olması için size temel oluşturacak şey Büyük Camia'da ortaya çıkma mücadelesi olacaktır.

Bu nedenle, dini kurumlarınızı veya en temel dürtülerinizi ve değerlerinizi eleştirmek değil, dünyanıza müdahale eden yabancı ırkların bunları size karşı nasıl kullanıldığını göstermek için geldik. Ve eğer gücümüz dahilindeyse, Büyük Camia bağlamında bir ırk olarak dünyanızın, özgürlüğünüzün ve dürüstlüğünüzün ve haklarınızın korunması amacı ile, kabiliyetlerinizin ve başarılarınızın doğru bir şekilde kullanılmasını teşvik etmek istiyoruz.

Ziyaretçiler yaklaşımlarında temel olarak pratikdirler. Bu hem güç hem de zayıflıktır. Onları hem burada hem de başka yerlerde gözlemlediğimiz gibi, planlarından sapmalarının zor olduğunu görüyoruz. Değişime iyi adapte değiller ve karmaşıklıkla çok etkin bir şekilde başa çıkamazlar. Bu nedenle planlarını neredeyse dikkatsizce yerine getiriyorlar, çünkü haklı olduklarını ve avantajları olduğunu düşünüyorlar. İnsanlığın onlara karşı direniş göstereceğine inanmıyorlar - en azından onları büyük ölçüde etkileyecek direnişe. Ve sırlarının ve gündemlerinin iyi korunmuş ve insan anlayışının ötesinde olduğunu düşünüyorlar.

Bu ışığında, bu materyali size sunma konusundaki faaliyetimiz, kesinlikle bizleri onların gözünde düşmanları yapar. Bununla birlikte, bizim görüşümüze göre, yalnızca etkilerine karşı koymaya ve ihtiyaç duyduğunuz anlayışı ve bir ırk olarak özgürlüğünüzü korumak ve Büyük Camia'nın gerçekleriyle başa çıkmak için güvenmeniz gereken perspektifi vermeye çalışıyoruz.

Yaklaşımlarının pratik doğası gereği, amaçlarını mümkün olan en yüksek verimlilikle gerçekleştirmek istiyorlar. İnsanlığı birleştirmeyi ancak dünyadaki kendi katılım ve faaliyetlerine uygun olarak birleştirmek istiyorlar. Onlara göre, insan birliği nesnel bir endişedir. Kültürlerdeki çeşitliliğe değer vermiyorlar; kesinlikle kendi kültürleri içinde buna değer vermiyorlar. Bu nedenle, etkilerini harcadıkları her yerde, kültürel çeşitliliği ortadan kaldırmaya veya mümkünse en aza indirmeye çalışacaklardır.

Önceki söylemimizde, ziyaretçilerin yeni maneviyat biçimleri üzerindeki etkisinden - bu zamanda sizin dünyanızda bulunan yeni ilahi ve doğasının yeni ifadelerindeki etkisinden bahsettik. Şimdiki tartışmamızda, ziyaretçilerinizin bugün etkilemek istediği ve etkilediği geleneksel değerler ve kurumlara odaklanmak istiyoruz.

Tekdüzelik ve uyum arayışı içinde olan ziyaretçiler kullanımları için en istikrarlı ve pratik olduğunu düşündükleri bu kurumlara ve değerlere güveneceklerdir. Gündemlerini daha da ilerletebilecekleri durumlar dışında fikirlerinizle ve değerlerinizle ilgilenmiyorlar. Kendilerinde olmadığı için sizin maneviyatınıza ilgilendiklerini düşünerek kendinizi kandırmayın. Bu aptalca ve belki de ölümcül bir hata olur. Hayatınızla ve merak uyandırıcı bulduklarınızla tutkun olduklarını düşünmeyin. Çünkü sadece nadir durumlarda onları bu şekilde etkileyebilirsiniz. Ziyaretçilerin tüm doğal merakları genetik olarak dışarıda tutulmuştur ve onun çok az kalıntısı kalmıştır. Aslında, "Ruh" dediğiniz şeyin ya da bizim "Varne" ya da "İçgörü Yolu" olarak adlandırdığımız şeylerin onlarda çok azı vardır. Sıkıca kurulmuş ve sıkı bir şekilde pekiştirilmiş düşünce ve davranış kalıplarını kontrol etmekte, takip etmekte ve bunlar tarafından kontrol edilmektedirler. Fikirlerinizle empati kuruyor gibi görünebilirler, ancak bunu yalnızca bağlılığınızı kazanmak için yapıyorlar.

Dünyanızdaki geleneksel dini kurumlarda, gelecekte onlara hizmet edebilecek temel inançları ve değerleri kullanmaya çalışacaklar. Hem kendi gözlemlerimizden hem de Görünmeyenlerin bize zaman içinde verdiği içgörüden doğan bazı örnekler verelim.

Dünyanızın çoğu Hıristiyan inancını takip ediyor. Bunun, manevi kimlik ve yaşamdaki amaç hakkındaki temel sorulara kesinlikle tek yaklaşım olmamakla birlikte, takdire değer olduğunu düşünüyoruz. Ziyaretçiler, amaçlarına bağlılık yaratmak için tek bir liderin temel bağlılık fikrini kullanacaklardır. Bu din bağlamında, İsa Mesih kimliğinden büyük ölçüde yararlanılacaktır. Dünyaya dönüşünün ümidi ve vaadi, ziyaretçilerinize özellikle binyılın bu dönüm noktasında mükemmel bir fırsat sunuyor.

Anladığımız şey, gerçek İsa'nın dünyaya geri dönmeyeceğidir, çünkü Görünmeyenler ile birlikte çalışıyor ve insanlığa ve diğer ırklara da hizmet ediyor. İsa Mesih olduğunu talep etmeye gelecek olan kişi Büyük Camia'dan gelecek. Bugün dünyada olan kolektifler tarafından bu amaç için doğmuş ve yetişmiş biri olacaktır. İnsan olarak görünecek ve şu anda başarabileceklerinizle karşılaştırıldığında önemli yeteneklere sahip olacaktır. Tamamen fedakar görünecek. Korku ya da büyük saygıya yarayacak eylemler gerçekleştirebilecek. Meleklerin, şeytanların görüntülerini ya da üstlerinin sizi maruz bırakmak istediği şeyleri yansıtabilecek. Ruhsal güçleri var gibi görünecek. Yine de Büyük Camia'dan gelecek ve kolektifin bir parçası olacak. Ve onu takip edenleri ortaya çıkaracak. Sonunda, onu takip etmeyenlerin, yabancılaştırılmasını veya imhasını teşvik edecek.

Ziyaretçiler, çoğunluk arasında temel bir bağlılığa sahip oldukları sürece, kaç insanın yok edileceğini umursamıyor. Bu nedenle, ziyaretçiler bu otoriteyi ve nüfuzu veren temel fikirlere odaklanacaktır.

İsa'nın ikinci gelişi, o zaman, ziyaretçileriniz tarafından hazırlanıyor. Bunun kanıtı, anlıyoruz, zaten dünyada mevcut. İnsanlar, Büyük Camia'dan gelen ziyaretçileri veya Büyük Camia gerçekliğini, varlığını farketmezler ve bu nedenle doğal olarak önceki inançlarını sorgulamadan kabul edeceklerdir, Kurtarıcılarının ve Öğretmenlerinin geri dönüşü için zamanın geldiğini hissederek. Fakat gelecek olan cennetten gelmeyecek, İlimi veya Görünmeyenleri temsil etmeyecek ve Yaratan'ı veya Yaradan'ın isteğini temsil etmeyecektir. Bu planı dünyada açık ve kesin bir şekilde gördük. Başka dünyalarda da benzer planlar gerçekleştiğini gördük.

Diğer dini geleneklerde, tekdüzelik ziyaretçiler tarafından teşvik edilecektir - sizin geçmişe dayanan, otoriteye bağlılık ve kuruma uygunluğa dayanan temel türden bir din dediğiniz şey. Bu ziyaretçilere hizmet eder. Dini geleneklerinizin ideolojisi ve değerleri ile ilgilenmezler, yalnızca yararları ile ilgilenirler. İnsanlar aynı şekilde düşünebildikçe, aynı şekilde davranabildiklerinde ve öngörülebilecek şekilde yanıt verebildiklerinde, kolektifler için daha faydalı olur. Bu uyum birçok farklı geleneklerde desteklenmektedir. Buradaki amaç, hepsini aynı yapmak değil, kendi içinde basit olmalarını sağlamak. Dünyanın bir yerinde, belirli bir dini ideoloji hakim olacak; dünyanın farklı bir yerinde, farklı bir dini ideoloji hakim olacak. Bu, ziyaretçileriniz için tamamen kullanışlıdır, çünkü düzen, uygunluk ve bağlılık olduğu sürece birden fazla dinin olması umrlarında değildir. İzleyebileceğiniz veya tanımlayabileceğiniz bir türde dine sahip olmadıklarından, sizin değerlerini yaratmak için sizinkileri kullanırlar. Çünkü sadece amaçlarına ve kolektiflerine olan hepten bağlılığa değer veriyorlar ve onların belirlediği bir biçimde hepten bağlılıkla sizi onlara katılmanızı istiyorlar. Bunun, dünyada barış ve kurtuluş yaratacağını ve dünyada önemli olarak kabul edilen dini görüntü veya şahsiyetin geri döneceğini size temin edecekler.

Bu, temel dinin dünya dışı güçler tarafından yönetildiğini söylemek değildir, çünkü biz temel dinin sizin dünyanızda iyi bir şekilde yerleştiğini anlıyoruz. Burada söylediğimiz şudur ki, bu dürtüler ve bu mekanizmalar ziyaretçiler tarafından desteklenecek ve kendi amaçları için kullanılacaktır. Bu nedenle, bu etkileri ayırt etmek ve mümkünse onları telafi etmek için geleneklerine gerçek inanan herkes tarafından büyük özen gösterilmelidir. Burada ziyaretçilerin ikna etmek istedikleri dünyadaki ortalama insan değildir; ama liderliktir.

Ziyaretçiler, zamanında müdahale etmemeleri halinde insanlığın kendisini ve dünyayı yok edeceğine inanıyor. Bu gerçeğe dayanmaz; bu sadece bir varsayımdır. İnsanlık kendini yok etme riski altında olsa da, bu sizin mutlak kaderiniz değil. Ancak kolektifler bunun böyle olduğuna inanıyor, ikna programlarına büyük önem veriyorlar ve bu yüzden acele ile hareket etmeliler. İkna edilebilir olanlar, faydalı olarak değerlendirilecektir; İkna edilemeyen olanlar atılacak ve yabancılaştırılacaktır. Ziyaretçiler dünyayı tam olarak kontrol edebilecek kadar güçlendiğinde, uymayanlar yok edilecektir. Ancak ziyaretçiler imha etmeyeceklerdir. Bu ikna altında tamamen giren dünyadaki diğer bireyler aracılığıyla gerçekleşecek.

Bu, çok kötü bir senaryo, anlıyoruz, ancak size iletilerimizde ifade ettiğimiz şeyi anlamanız ve almanız durumunda bir karışıklık olmamalıdır. İnsanlığın imhası değil, ziyaretçilerin başarmaya çalıştığı insanlığın onlara katılmasıdır. Bu amaç için sizinle melezlenecekler. Dini dürtülerinizi ve kurumlarınızı bu amaçla yönlendirmeye çalışacaklar. Bu amaçla kendilerini dünyada gizlice yerleştirecekler. Bu amaç için hükümetleri ve hükümet liderlerini etkileyecekler. Bu amaçla dünyadaki askeri güçleri etkileyecekler. Ziyaretçiler başarılı olabileceğinden eminler, çünkü bugüne dek insanlığın henüz önlemlerini almak ya da gündemlerine karşı koymak için yeterince direnç göstermediklerini görüyorlar.

Buna karşı koymak için, Büyük Camia İlim Yolu'nu öğrenmelisiniz. Evrendeki her bir serbest ırk, kendi kültürlerinde nasıl tanımlanıyorsa, İlim Yolu'nu öğrenmelidir. Bireysel özgürlüğün kaynağı budur. Bu, bireylerin ve toplumların gerçek bir doğruluğa sahip olmalarını ve hem kendi dünyalarında hem de Büyük Camia içinde İlim ile mücadele eden etkilerle başa çıkmak için gerekli bilgeliğe sahip olmalarını sağlar. Bu nedenle, yeni yollar öğrenmek gerekir, çünkü yeni güçler ve etkilerle yeni bir duruma giriyorsunuz. Aslında, bu gelecekteki bir beklenti değil, acil bir mücadeledir. Evrendeki yaşam sizin hazırlığınızı beklemez. Hazırlanmış olsanız da olmasanız da etkinlikler gerçekleşecek. Ziyaret, anlaşmanız olmadan ve izniniz olmadan gerçekleşti. Ve temel haklarınız henüz sizin bildiğinizden çok daha büyük bir oranda ihlal ediliyor.

Bu nedenle, sadece bakış açımızı ve cesaretlendirme sağlamak için değil, aynı zamanda bir çağrıyı, alarmı çalmak, bir farkındalığa ve bağlılığa ilham vermek için gönderildik. Daha önce de söyledik ki, ırkınızı askeri müdahale ile kurtaramayız. Bu bizim rolümüz değil. Ve bunu yapmaya teşebbüs etsek ve böyle bir gündem gerçekleştirme gücümüzü toplasaydık bile, dünyanız yok olurdu. Size sadece tavsiyelerde bulunabiliriz.

Gelecekte, şiddet içeren yollarla ifade edilen, uyuşmayan insanlara karşı, daha az güçlü olan milletlere karşı ve bir saldırı ve yıkım silahı olarak kullanılan bir dini inanç sıkıntısı göreceksiniz. Ziyaretçiler, dini kurumlarınızın ulusları yönetmelerinden daha iyi bir şey istemezler. Buna direnmelisiniz. Ziyaretçiler, herkesin paylaşılan dini değerlere sahip olmasından daha iyi bir şey istemezler, çünkü bu onların işgücüne katkıda bulunur ve görevlerini kolaylaştırır. Tüm tezahürlerinde, böyle bir etki temelde razı olma ve boyun eğme- iradenin itaati, amacın itaati, kişinin yaşamının ve yeteneklerinin itaatine indirgenir. Oysa bu, insanlık için büyük bir başarı, toplumda büyük bir ilerleme, insan ırkı için yeni bir birleşme, barış ve eşitlik için yeni bir umut, insan içgüdülerine karşı insan ruhunun zaferi olarak ilan edilecek.

Bu nedenle, size nasihatimiz, makul olmayan kararlar vermekten kaçınmanız, anlamadığınız şeylere, anlayışınıza ve takdirinize karşı gelen şeylere ve söz verilen ödüllerin hatırına hayatınızı teslim etmekten kaçınmanızdır. Ve sizi, içinde olan ve şu anda tek ve en büyük vaat olan manevi zekâ İlim'e ihanet etmemenizi teşvik etmeliyiz.

Belki de bunu duyduğunuzda, evreni Lütufun olmadığı bir yer olarak görüyorsunuz. Belki de aç gözlülüğün evrensel olduğunu düşünerek alaycı ve korkmuş olacaksınız. Ancak bu durum böyle değil. Şimdi ihtiyaç duyduğunuz şey, sizin daha güçlü, şu andan ve öncesinden daha güçlü olmanızdır. Bu güce sahip olana kadar dünyanıza müdahale edenlerle iletişimi hoş karşılamayın. Zihninizi ve kalbinizi dünyanın ötesindeki ziyaretçilere açmayın, çünkü buraya kendi amaçları için gelirler. Dini vahiylerinizi veya en büyük ideallerinizi yerine getireceklerini sanmayın, çünkü bu bir hayaldir.

Büyük Camia'da büyük manevi güçler var - insanlığın şimdiye dek göstermiş olduklarının çok ötesinde, çok yüksek beceri durumlarına ulaşmış bireyler ve hatta uluslar var. Fakat gelip diğer dünyaların kontrolünü ele geçirmiyorlar. Evrendeki politik ve ekonomik güçleri temsil etmiyorlar. Kendi temel ihtiyaçlarını karşılamanın ötesinde ticaretle uğraşmazlar. Acil durumlar dışında nadiren seyahat ederler.

Bizler gibi elçiler Büyük Camia'da ortaya çıkan ırklara yardım etmek için gönderilir. Üstelik manevi elçiler de var - Görünmeyenlerin gücü, onları almaya hazır olanlar ve iyi yürekli ve umut vaadedenler. Tanrı, evrende böyle çalışır.

Zor bir yeni ortama giriyorsunuz. Dünyanız diğerleri için çok değerli. Onu korumanız gerekecek. Kaynaklarınızı, yaşamınızın temel gereklilikleri için diğer uluslarla ticarete ihtiyaç duymamak veya bunlara bağımlı kalmamak için korumanız gerekecektir. Kaynaklarınızı korumazsanız, özgürlüğünüzün ve kendi kendine yeterliliğinizin çoğundan vazgeçmek zorunda kalacaksınız.

Maneviyatınız sağlam olmalı. Değerler ve inançlar için gerçek deneyime dayanmalıdır, çünkü ritüeller ve gelenekler ziyaretçileriniz tarafından kendi amaçları için kullanılabilir ve kullanılmaktadır.

Burada, ziyaretçilerinizin belirli alanlarda çok savunmasız olduğunu görmeye başlayabilirsiniz. Bunu daha fazla araştıralım. Bireysel olarak, çok az iradeleri var ve karmaşıklıklarla başa çıkmakta zorluk çekiyorlar. Manevi doğanızı anlamıyorlar. Ve kesinlikle İlmin dürtüsünü anlamıyorlar. İlim ile ne kadar güçlüyseniz, o kadar açıklanamaz hale geliyorsunuz, kontrol edilmeniz zorlaşır ve onlara ve entegrasyon programlarına daha az faydalı olursunuz. Bireysel olarak, İlim ile ne kadar güçlüyseniz, onlara karşı o kadar çok zorluk haline gelirsiniz. İlim ile güçlenen birey sayısı arttıkça, ziyaretçilerin onları izole etmeleri zorlaşır.

Ziyaretçiler fiziksel güce sahip değiller. Güçleri Zihinsel Ortamda ve teknolojilerinin kullanımındadır. Sayıları sizinkine göre küçük. Onlar tamamen sizin uysallığınıza güveniyorlar ve başarabileceklerine çok güveniyorlar. Şimdiye kadarki deneyimlerine dayanarak, insanlık önemli bir direnç sunmadı. Yine de İlim ile ne kadar güçlüyseniz, müdahaleye ve manipülasyona karşı çıkan ve ırkınız için özgürlük ve sağlamlığı için o kadar büyük bir kuvvet haline gelirsiniz. Belki de pek kimse mesajımızı duyamasa da, cevabınız önemlidir. Belki de varlığımıza ve gerçekliğimize inanmamak ve mesajımıza karşı tepki göstermek kolaydır, ancak İlim doğrultusunda konuşuruz. Bu nedenle, eğer bilmekte özgürseniz, söylediklerimiz sizin için bilinir.

Sunumumuz ile birçok inanç ve adete meydan okuduğumuzu anlıyoruz. Dış görünüşümüz bile anlaşılmaz görünecek ve birçok kişi tarafından reddedilecektir. Ancak sözlerimiz ve mesajımız sizler tarafından anlaşılabilir, çünkü İlim ile konuşuruz. Gerçeğin gücü, evrendeki en büyük güçtür. Onun özgür kılma gücü var. Aydınlatma gücü var. Ve ihtiyacı olanlara güç ve güven verme gücüne sahip.

Belki de nadiren uygulanıyor olsa da insan vicdanının çok değerli olduğu söyleniyor. İlim Yolu hakkında konuştuğumuzda konuştuğumuz şey budur. Gerçek manevi dürtülerinizin tümü için bu esastır. Zaten dinlerinizde ihtiva edilen bulunur. Bu sizin için yeni değildir. Ancak, değer verilmelidir, yoksa çabalarımız ve Görünmeyenlerin Büyük Camia için insanlığı hazırlama çabaları başarılı olmayacaktır. Çok az kişi cevap verecek. Ve gerçek onlar için bir yük olacak, çünkü etkin bir şekilde paylaşamayacaklar.

Bu nedenle, dini kurumlarınızı veya adetlerinizi eleştirmek için değil, yalnızca size karşı nasıl kullanılabileceğini göstermek için geldik. Onları değiştirmek veya inkar etmek için burada değiliz, gerçek dürüstlüğün size gerçek bir şekilde hizmet edebilmesi için bu kurumları ve adetlerde ne kadar yaygınlaşması gerektiğini göstermek için buradayız. '

Büyük Camia'da, Maneviyat, İlim dediğimiz şeyde somutlaşmıştır, Ruhun zekâsı ve içinizdeki Ruhun hareketi İlim olarak adlandırılır. Bu sadece inanmaktan ziyade bilmenizi sağlar. Bu size ikna ve manipülasyondan bağışıklık kazandırır, çünkü İlim dünyadaki herhangi bir güç veya kuvvet tarafından manipüle edilemez. Bu, dinlerinize hayat verir ve kaderiniz için umut verir.

Temel olan bu fikirlere sadık kalıyoruz. Ancak kolektifler bundan yoksundurlar ve kolektiflerle veya hatta onların varlıklarıyla karşılaşırsanız ve kendi aklınızı koruyacak güce sahipseniz, bunu kendiniz de göreceksiniz.

Dünyada kendilerini teslim etmek isteyen, kendilerini yaşamda daha büyük bir güce vermek isteyen birçok insan olduğu söylendi. Bu, insanlık dünyasına özgü değildir, fakat Büyük Camia'da böyle bir yaklaşım köleleştirmeye yol açar. Kendi dünyanızda ziyaretçilerin bu kadar sayılarda gelmeden önce, böyle bir yaklaşımın genellikle köleleştirmeye yol açtığını biliyoruz. Ancak, Büyük Camia'da, daha savunmasızsınız ve daha akıllı, daha dikkatli ve daha kendine yeterli olmalısınız. Buradaki dikkatsizlik ağır bir bedel ve büyük bir talihsizlik getirir.

İlime yanıt verebilir ve Büyük Camia İlim Yolunu öğrenirseniz, bu şeyleri kendiniz görebileceksiniz. O zaman sadece onlara inanmak ya da inkar etmek yerine sözlerimizi kendiniz onaylayacaksınız. Yaratıcı, bunu mümkün kılar, çünkü Yaratıcı, insanlığın geleceği için hazırlanmasını ister. Bu yüzden geldik. Bu yüzden izliyoruz ve şimdi gördüklerimizi rapor etme fırsatına sahibiz.

Dünyanın dini gelenekleri, temel öğretilerinde sizin için iyi konuşur. Onlar hakkında Görünmeyenlerden öğrenmeye fırsatımız oldu. Fakat aynı zamanda potansiyel bir zayıflığı temsil ediyorlar. İnsanlık daha uyanık olsaydı ve Büyük Camia'daki yaşamın gerçeklerini ve erken ziyaretin anlamını anlasaydı, riskleriniz bugün olduğu kadar büyük olmazdı. Böyle bir ziyaretin büyük mükâfatlar getireceği ve sizin için bir tatmin olacağına dair umut ve beklenti var. Yine de, Büyük Camianın gerçekliğini veya dünyanızla etkileşime giren güçlü güçleri öğrenemediniz. Anlayış eksikliğiniz ve ziyaretçilere erken güven size hizmet etmiyor.

Bu nedenle, Büyük Camia genelinde Bilgeler gizli kalır. Büyük Camia'da ticaret yapmazlar. Loncaların veya ticaret kooperatiflerinin bir parçası olmayı istemiyorlar. Birçok dünyayla diplomasi aramıyorlar. Sadakat ağları daha gizemli ve doğası manevidir. Fiziksel evrendeki yaşam gerçekliklerine maruz kalmanın risklerini ve zorluklarını anlarlar. İzolasyonlarını korurlar ve sınırlarında tetikte kalırlar. Bilgeliklerini yalnızca daha az fiziksel olan yollarla genişletmeye çalışırlar.

Kendi dünyanızda, belki de, bunun tezahürünü görebilirsiniz en bilge, en yetenekli olanlar ticari mecralarda kişisel avantaj aramaz, fetih ve manipülasyonla uğraşmazlar. Kendi dünyanız size çok şey anlatıyor. Kendi geçmişiniz size çok şey anlatıyor ve burada, size sunduğumuz her şeyi daha küçük ölçekte gösteriyor.

Bu nedenle, yalnızca durumunuzun ciddiyeti hakkında sizi uyarmak değil, eğer yapabilirsek, ihtiyaç duyacağınız şekilde hayatı daha iyi algılamayı ve anlamanızı sağlamak da bizim niyetimizdir. Ve bu kelimeleri duyan ve İlimin büyüklüğüne yeteri kadar cevap verebileceklerin olacağına inanıyoruz.

DINI GELENEK VE İNANÇLARIN MANİPÜLASYONU   61

Mesajlarımızın korku ve panik uyandırmak için burada olmadığını ve dünyanızdaki özgürlüğün ve iyiliğin korunmasına yönelik bir kararlılık ve sorumluluk doğurmaya yönelik olduğunu anlayacak kişilerin olacağını umarız.

İnsanlık Müdahaleye karşı çıkmada başarısız olursa, bunun ne anlama geldiğinin bir resmini çizebiliriz. Bunu başka yerlerde gördük, çünkü her birimiz çok yaklaştık, kendi dünyalarımızda. Kolektifin bir parçası olarak, Dünya gezegeni kaynakları için kazılacak, halkı çalışmaya zorlanacak ve isyancıları ve karşı koyan herkes ya yabancılaştırılacak ya da yok edilecek. Dünya, tarım ve madencilik faydaları yüzünden korunacaktır. İnsan toplulukları var olacak, ancak yalnızca dünyanızın dışındaki güçlere bağlı olarak. Ve dünya faydasını tüketmiş, kaynakları tamamen alınmışsa, o zaman terk edilecek, yoksun bırakılacak. Dünyanızdaki destekleyici yaşam sizden alınmış olacak; hayatta kalmanın yolu sizden çalınmış olacak. Bu daha önce başka yerlerde de oldu.

Bu dünyada, kolektifler, stratejik bir karakol ve biyolojik depo olarak sürekli kullanım için dünyayı korumayı seçebilirler. Ancak insan nüfusu böyle baskıcı bir yönetim altında korkunç derecede acı çekecektir. İnsanlığın sayısı azaltılacaktır. İnsanlığın yönetimi, insan ırkına yeni bir düzen içinde liderlik etmek için yetiştirilenlere verilecektir. Bildiğiniz gibi insan özgürlüğü artık var olmayacak ve sert ve titiz olan bir yabancı egemenliğin altında ezileceksiniz.

Büyük Camia'da birçok kolektif var. Bazıları büyük; bazıları küçük. Bazıları taktiklerinde daha etik; çoğu değil. Kendi dünyanızın üstünlüğü gibi fırsatlar için birbirleriyle rekabet ettikleri ölçüde, tehlikeli faaliyetler yürütebilirler. Bu resmi size vermeliyiz ki ne dediğimize dair hiçbir şüpheniz olmasın. Önünüzdeki seçimler çok sınırlı ama çok temel.

Bu nedenle, ziyaretçilerinizin bakış açısından, ziyaretçilerin çıkarlarına hizmet etmek için hepinizin yönetilmesi ve kontrol edilmesi gereken aşiretler olduğunuzu anlayın. Bunun için dinleriniz ve belirli bir ölçüde toplumsal realiteniz korunacaktır. Ama çoğunu kaybedeceksiniz. Sizden ne alındığını anlamadan önce ve çoğunu kaybedeceksiniz. Bu nedenle, Büyük Camia'da yaşam hakkında bilgi edinmek, kendi kültürünüzü ve kendi realitenizi daha büyük bir çevrede korumayı öğrenmek ve burada kimin size hizmet edeceğini ve kimin etmeyeceğini ayırt etmek için sadece bir ihtiyat, bir mesuliyet ve öğrenme zorunluluğunu savunuyoruz. Dünyada kendi zorluklarınızın çözülmesi için bile bu daha büyük idraka ihtiyaç duyulmaktadır. Ancak, Büyük Camia'daki hayatta kalma ve esenliğinizle ilgili olarak, bu kesinlikle esastır.

Bu nedenle, cesur olmanızı öneririz. Sizinle paylaşacak daha çok şeyimiz var.

# Eşik: İnsanlık İçin Yeni Bir Umut

Dünyadaki dünya dışı varlığa hazırlanmak için, parçası olacağınız ve dünyanızı saracak olan Büyük Camia'daki yaşam hakkında daha fazla bilgi edinmek gerekir.

İnsanlığın kaderi her zaman daha büyük bir akıllı yaşam ile dolu olan Büyük Camia'da ortaya çıkmaktı. Bu kaçınılmazdır ve akıllı hayatın tohumlarının ekildiği ve geliştiği tüm dünyalarda meydana gelir. Eninde sonunda, Büyük Camia içinde yaşadığının farkına varacaktınız. Ve sonunda, kendi dünyanızda yalnız olmadığınızı, ziyaretin gerçekleştiğini ve içinde bulunduğunuz Büyük Camia'da yaygın olan farklı ırklar, kuvvetler, inançlar ve tutumlarla mücadele etmeyi öğrenmek zorunda kalacağınızı keşfedeceksiniz.

Büyük Camia'da ortaya çıkmak sizin kaderinizdir. İzolasyonunuz artık bitti. Dünyanız geçmişte birçok kez ziyaret edilmiş olsa da, izole durumunuz sona ermiştir.

Evrende veya hatta kendi dünyanızda artık yalnız olmadığınızı fark etmeniz gerekiyor. Bu anlayış, bugün dünyada sunulan Büyük Camia Maneviyatı Öğretisinde daha ayrıntılı bir şekilde sunulmuştur. Buradaki rolümüz, yaşamı Büyük Camia'da olduğu gibi tanımlamaktır, böylece ortaya çıktığınız daha büyük yaşam panoramasını daha iyi anlayabilirsiniz. Bu yeni gerçekliğe nesnellik, anlayış ve bilgelikle yaklaşabilmeniz için gereklidir. İnsanlık, dünyadaki aktiviteleri ve idrakine göre temel aldığı, evrenin geri kalanının kutsal tuttuğu fikirlere, ilkelere ve bilime göre işlediğini düşündüğü için doğal olarak göreceli bir izolasyon içinde yaşadı.

Büyük Camia çok geniş. En uzak bölgeleri hiç keşfedilmedi. Herhangi bir ırkın anlayabileceğinden daha büyük. Bu muhteşem yaratılışta, akıllı yaşam sayısız derecede ve her evrim seviyesinde ifade bulur. Dünyanız, Büyük Camia'nın oldukça kalabalık bir kesiminde bulunuyor. Büyük Camia'da hiç keşfedilmemiş birçok alan ve ırkların gizlice yaşadığı diğer alanlar vardır. Büyük Camia'da yaşamın tezahürleri açısından her şey vardır. Ve anlattığımız gibi hayat zor ve zor görünüyor olsa da, Yaratıcı her yerde çalışır, İlim ile ayrılanları geri çağırır.

Büyük Camia'da, tüm ırklara ve tüm insanlara uyarlanabilecek tek bir din, bir ideoloji veya tek bir hükümet şekli olamaz. Bu nedenle, dinden bahsettiğimizde, İlmin maneviyatından söz ediyoruz, çünkü bu, sizin içinizdeki, ziyaretçilerinizdeki ve gelecekte karşılaşacağınız diğer ırkların içindeki tüm akıllı yaşamda yaşayan İlmin gücü ve varlığıdır.

Böylece, evrensel maneviyat büyük bir odak noktası haline gelir. Dünyanızda yaygın olan farklı anlayış ve fikirleri bir araya getirir ve kendi manevi gerçekliğinize ortak bir temel sunar. Oysa İlim öğrenimi sadece yüksek değerlere ulaşmak değil aynı zamanda Büyük Camia'da hayatta kalmak ve ilerlemek için de önemlidir. Büyük Camia'da özgürlüğünüzü ve bağımsızlığınızı kurabilmeniz ve sürdürebilmeniz için, dünyanızda yeterince insan arasında bu büyük yeteneğin gelişmiş olması gereklidir. İlim, manipüle edilemeyen veya etkilenemeyen tek parçanızdır. Tüm bilge anlayış ve eylemlerin kaynağıdır. Bir kolektif veya başka bir topluma entegre olmadan kendi kaderinizi oluşturmak istiyorsanız ve eğer özgürlüğe değer veriyorsanız, Büyük Camia ortamında bu bir zorunluluk haline gelir.

Bu nedenle, bugün dünyada ciddi bir durum sunarken, aynı zamanda büyük bir umut ve insanlık için de büyük bir armağan sunuyoruz, çünkü Yaratıcı bir ırkın karşılaşacağı en büyük eşik olan Büyük Camia'ya çıkma hususunda sizi hazırlıksız bırakmaz. Biz de bu hediye ile kutsandık. Bu yüzyıllardır bizimle. Hem kendi seçimimizle hem de zorunluluktan öğrenmek zorunda kaldık.

Aslında, Müttefikleriniz olarak konuşmamızı ve bu söylemlerde verdiğimiz bilgileri vermemizi sağlayan İlmin varlığı ve gücüdür. Bu büyük Vahiy'i hiç bulmasaydık, kendi dünyalarımızda tecrit edilirdik, evrendeki geleceğimizi ve kaderimizi şekillendirecek daha büyük güçleri kavrayamazdık. Çünkü bugün dünyanızda verilen hediye bize ve umut veren diğer ırklara verildi. Bu hediye, kendiniz gibi umut veren ve Büyük Camia'da bu kadar savunmasız olan, yeni ortaya çıkan ırklar için önemlidir.

Bu nedenle, evrende tek bir din veya ideoloji olmamasına rağmen, herkes için geçerli olan evrensel bir ilke, anlayış ve manevi gerçeklik vardır. Bu öyle bütündür ki, sizden çok farklı olanlarla konuşabiliyor. Tüm tezahürlerinde yaşamın çeşitliliği ile konuşur. Siz, dünyanızda şimdi kendiniz bunun gücünü ve zerafetini yaşamaya, böyle büyük bir gerçeği öğrenme fırsatına sahipsiniz. Aslında, sonuçta bu, güçlendirmek istediğimiz bir hediyedir, çünkü bu sizin özgürlüğünüzü ve özgür iradenizi koruyacak ve evrendeki daha büyük bir vaat için kapıyı açacaktır.

Ancak, başlangıçta sıkıntı ve büyük bir zorluk var. Bu, daha derin bir İlim ve daha fazla farkındalık öğrenmenizi gerektirir. Bu zorluğa cevap verirseniz, sadece kendiniz için değil, tüm ırkınız için faydalı olursunuz.

Büyük Camia Maneviyatı öğretisi bugün dünyaya sunulmaktadır. Daha önce hiç burada sunulmamıştı. Bu geleneğin aracı ve sözcüsü olarak görev yapan tek kişi aracılığıyla verilmektedir. Bu kritik zamanda, insanlığın Büyük Camiadaki yaşamını ve bugün dünyayı şekillendiren daha büyük güçleri öğrenmesi gerektiği için dünyaya gönderiliyor.

Sadece dünyanın ötesinden bir öğreti ve anlayış size bu avantajı ve bu hazırlığı sağlayabilir.

Böyle büyük bir görevi üstlenmekte yalnız değilsiniz, çünkü evrende sizinle aynı gelişim aşamasında bunu yapan başkaları da var. Siz, şu anda Büyük Camia'da ortaya çıkan birçok ırktan birisiniz. Her biri umut vadediyor ve yine de her biri Büyük Camia'da var olan zorluklara, meydan okumalara ve etkilere karşı savunmasızdır. Gerçekten de, birçok ırk, özgürlüklerini daha kazanamadan kaybetti, kolektiflerin, ticari loncaların bir parçası oldu veya büyük güçlerin parçası bir devlet haline geldi. Bunun insanlık için gerçekleştiğini görmek istemiyoruz, çünkü bu büyük bir kayıp olur. Biz bu nedenle buradayız. Bu nedenle Yaratıcı bugün dünyada aktif, insan ailesine yeni bir anlayış getiriyor. İnsanlığın durmadan devam eden çatışmalarını sona erdirme ve Büyük Camia'da yaşama hazırlık zamanı geldi.

Minik güneş sistemimizin alanı dışında oldukça fazla aktiviteye sahip bir bölgede yaşıyorsunuz. Bu alanda ticaret, belli yollar boyunca sürdürülmektedir. Dünyalar etkileşir, rekabet eder ve bazen birbirleriyle çatışırlar. Ticari çıkarları olan herkes tarafından fırsatlar aranmaktadır. Sadece kaynakları değil, aynı zamanda sizinki gibi dünyalarda bağlılıkları da ararlar. Bazıları daha büyük kolektiflerin bir parçasıdır. Diğerleri ise kendi ittifaklarını çok daha küçük ölçekte sürdürüyor . Büyük Camia'ya başarıyla ortaya çıkan dünyalar büyük ölçüde özerklik ve kendine yeterlilik sağlamak zorunda kalmıştır. Bu, onları yalnızca onları sömürmeye ve manipüle etmeye yarayan başka güçlere maruz bırakmaktan kurtarır.

Gelecekte iyiliğiniz için en önemli hale gelen öz yeterlilik ve anlayışınızın ve birliğinizin gelişimi aslında. Ve bu gelecek uzak değildir, çünkü ziyaretçilerin etkisi dünyanızda daha da artmaktadır. Birçok kişi kendilerine çoktan razı oldu ve şimdi elçileri ve aracıları olarak hizmet ediyorlar. Diğer birçok birey genetik programları için kaynak olarak hizmet eder. Bu, dediğimiz gibi, birçok yerde birçok kez oldu. Sizin için anlaşılmaz görünmekle birlikte, bu bizim için bir sır değil.

Müdahale hem talihsizlik hem de hayati bir fırsattır. Eğer cevap verebiliyorsanız, hazırlayabilirseniz, Büyük Camia İlim ve Bilgeliğini öğrenebiliyorsanız, o zaman dünyanıza müdahale eden güçleri dengeleyebilir ve kendi halklarınız ve kabileleriniz arasında daha büyük bir birliktelik için temel oluşturabilirsiniz. Elbette, bunu teşvik ediyoruz, çünkü bu her yerde İlim'in bağını güçlendirir.

Büyük Camia'da, büyük çapta savaş nadiren meydana gelir. Kısıtlayıcı güçler var. Birincisi, savaş ticareti ve kaynak gelişimini aksatır. Sonuç olarak, büyük ulusların umursamaz davranmalarına izin verilmez, çünkü diğer tarafların, diğer ulusların ve diğer çıkarların amaçlarını engeller veya sekte eder. İç savaş periyodik olarak dünyalarda gerçekleşmektedir, ancak toplumlar arasında ve dünyalar arasında büyük çaplı bir savaş gerçekten nadirdir. Kısmen bu nedenle, Zihinsel Ortamdaki beceriler, uluslar birbirleriyle rekabet etmek ve birbirlerini etkilemeye çalışmak amacıyla geliştirilir. Hiç kimse kaynakları ve fırsatları yok etmek istemediğinden, bu daha fazla beceri ve yetenekler, Büyük Camia'daki birçok toplumda farklı derecelerde başarı ile yetiştirilir. Bu tür tesirler mevcut olduğunda, İlime olan ihtiyaç daha da artar.

İnsanlık bunun için hazırlıklı değil. Yine de, zengin manevi mirasınız ve dünyanızda bugün kişisel özgürlüğün var olduğu dereceden dolayı, bu daha geniş anlayışta ilerleyebileceğiniz ve dolayısıyla özgürlüğünüzü koruyacağınız ve muhafaza edeceğinize dair umut vadediyor.

Büyük Camia'da savaşa karşı başka kısıtlamalar da var. Ticari toplulukların çoğu, üyeleri için yasa ve davranış kuralları belirleyen büyük loncalar kurmuştur. Bunlar, diğer dünyalara ve onların özel kaynaklarına erişim sağlamak için güç kullanmaya çalışanların faaliyetlerini kısıtlamaya hizmet ediyor. Savaşın büyük çapta patlaması için birçok ırkın dahil olması gerekecektir ve bu pek sık olmaz. İnsanlığın özellik olarak çok savaşçı olduğunu ve Büyük Camia'daki çatışmaları savaş olarak algıladığını düşünmekteyiz, ancak gerçekte bunun hiç de tolere edilmediğini ve savaş yerine başka ikna yollarının güç olarak kullanıldığını göreceksiniz.

Böylece ziyaretçileriniz, düyanıza büyük silahlarla gelmezler. Büyük askeri güçler getirmiyorlar, çünkü onlara başka şekillerde hizmet eden becerileri kullanıyorlar - düşüncelerini, dürtülerini ve karşılaştıkları kişilerin duygularını manipüle etme becerileri. İnsanlık, şu anda dünyanızda yaygın olan batıl inanç, çatışma ve güvensizlik yüzünden bu tür iknalara karşı çok savunmasızdır.

Bu nedenle, ziyaretçilerinizi ve gelecekte karşılaşacağınız diğer kişileri anlamak için, güç ve etkinin kullanımına daha olgun bir yaklaşım getirmelisiniz. Bu, Büyük Camia eğitiminizin hayati bir parçasıdır. Bunun için hazırlığın bir kısmı, Büyük Camia Maneviyatı Öğretisi'nde verilecek, ancak doğrudan deneyim yoluyla da öğrenmelisiniz.

Şu anda, biz anlıyoruz ki, birçok insan arasında Büyük Camia hakkında çok fantazi bir görüş var. Teknolojik olarak gelişmiş olanların ruhsal olarak da gelişmiş olduğuna inanılmaktadır, ancak bunun böyle olmadığını temin edebiliriz. Siz kendiniz, şimdi daha önce olduğundan daha teknolojik olarak gelişmiş olmasına rağmen, ruhsal olarak çok büyük ölçüde ilerlemediniz. Daha fazla güce sahipsiniz, ama güçle daha fazla kısıtlama gerekiyor.

Büyük Camia'da, sizden teknolojik düzeyde ve hatta düşünce düzeyinde sizden çok daha fazla güce sahip olanlar var. Onlarla başa çıkmak için evrimleşeceksiniz, ancak silahlar sizin odak noktanız olmayacak. Gezegenler arası ölçekte savaş, herkesin kaybedeceği kadar yıkıcıdır. Böyle bir çatışmanın ganimetleri nelerdir? Hangi avantajları güvence altına alır? Aslında, böyle bir çatışma olduğunda, uzayda ve nadiren karasal ortamlarda meydana gelir. Serseri milletler ve yıkıcı ve saldırgan olanlar, özellikle ticaretin yoğun olduğu bölgelerde ise onlara çabucak karşılık verilir.

Bu nedenle, evrendeki çatışmanın doğasını anlamanız gerekir, çünkü bu size ziyaretçiler ve onların ihtiyaçları hakkında fikir verecektir - neden yaptıkları gibi işlev görürler, neden bireysel özgürlük aralarında bilinmez ve neden kolektiflere bel bağlıyorlar? Bu onlara istikrar ve güç verir, ancak aynı zamanda onları İlim konusunda yetenekli olanlara karşı savunmasız hale getirir.

İlim, herhangi bir şekilde düşünmenizi, spontane hareket etmenizi, gerçeği ortada olanın ötesinde algılamanızı ve geleceği ve geçmişi deneyimlemenizi sağlar. Bu yetenekler, yalnızca rejimlerinin ve kültürlerinin belirttiklerini takip edebilenlerin ulaşamayacağı kabiliyetlerdir. Teknolojik olarak ziyaretçilerin çok gerisindesiniz, ama İlim Edinme becerilerinde, ihtiyaç duyacağınız ve giderek daha fazla güvenmeyi öğrenmeniz gereken beceriler geliştirme konusunda umut veriyorsunuz.

Size Büyük Camia'daki yaşam hakkında bir şey öğretmeseydik, İnsanlığın Müttefikleri olmazdık. Bizler çok gördük. Birçok farklı şeyle karşılaştık. Dünyalarımız zayıf düştü ve özgürlüğümüzü yeniden kazanmak zorunda kaldık. Hatalarımızdan ve deneyimlerimizden bugün karşılaştığınız çatışma ve mücadelenin zorluklarını biliyoruz. Bu yüzden size verdiğimiz hizmette bu görev için çok uygunuz. Ancak, bizimle tanışmayacaksınız ve uluslarınızın liderleriyle tanışmaya gelmeyeceğiz. Bu bizim amacımız değil.

Gerçekten, mümkün olduğunca az müdaheleye, ancak çok büyük yardıma ihtiyacınız var. Geliştirmeniz gereken yeni beceriler ve kazanmanız gereken yeni bir anlayış var. İyi niyetli bir ırkın bile, dünyanıza gelmeleri durumunda, sizin üzerinize öyle bir etkiye sahip olacaklardır ki, buna bağımlı olacaksınız ve kendi gücünüzü, kendi iktidarınızı ve kendi kendine yeterliliğinizi belirlemeyeceğiniz bir hale geleceksiniz. Teknolojisine ve anlayışlarına o kadar bağımlı hale gelirsiniz ki, sizi bırakamazlar. Ve gerçekten, buraya gelmeleri sizi gelecekte müdahaleye karşı daha savunmasız hale getirecektir. Çünkü onların teknolojilerini arzulayacak ve Büyük Camia'daki ticaret koridorlarında seyahat etmek isteyeceksiniz. Henüz hazırlıklı olmadan ve bilge olmadan.

Bu yüzden gelecekteki arkadaşlarınız burada değil. Bu yüzden size yardımcı olmaya gelmiyorlar. Çünkü onlar burada olsaydı güçlü olmazdınız. Onlarla ilişki kurmak isterdiniz, onlarla ittifaklar kurmak isterdiniz, ama kendini koruyamayacak kadar zayıfsınız. Temelde, onların kültürlerinin bir parçası olurdunuz ki onlar bunu istemez.

Belki de birçok kişi burada ne dediğimizi anlayamayacak, ancak zamanla bu sizin için mükemmel bir anlam ifade edecek ve onun bilgeliğini ve gerekliliğini göreceksiniz. Şu anda, gelecekteki arkadaşlarınız olabileceklerle bile güçlü ittifaklar oluşturmak için fazla güçsüz, dikkatsiz ve çatışma halindesiniz. İnsanlık henüz tek bir ses olarak konuşamıyor ve bu yüzden de siz öteden gelen müdahaleye ve manipülasyona eğilimlisiniz.

Daha Büyük Camia'nın gerçekliği dünyanızda daha iyi anlaşıldığında ve mesajımız yeterli insana ulaşabilirse, insanlığın karşı karşıya kaldığı daha büyük bir sorun olduğu konusunda artan bir fikir birliği olacaktır. Bu, işbirliği ve fikir birliği için yeni bir temel oluşturabilir. Bütün dünya Müdahale tarafından tehdit edildiğinde, sizin dünyanızdaki bir milletin bir başkasına ne gibi üstünlüğü olabilir? Ve kim uzaylı güçlerin müdahale ettiği bir ortamda bireysel güç kazanmaya çalışabilir? Özgürlük dünyanızda gerçek olacaksa, paylaşılması gerekir. Tanınmalı ve bilinmelidir. Azınlığın imtiyazı olamaz ya da burada gerçek bir güç olmaz.

Görünmeyenlerden anlıyoruz ki çoktan dünya egemenliğini arayan insanlar var, çünkü ziyaretçilerin nimetlerine ve desteğine sahip olduklarına inanıyorlar. Ziyaretçiler tarafından güç arayışlarında destekleneceklerine dair güvenceleri var. Ve yine de, kendi özgürlüklerinin ve dünyalarının özgürlüğünün anahtarını onlara veriyorlar? Bilmiyorlar ve bilgisizler. Hatalarını göremezler.

Ziyaretçilerin burada manevi bir rönesansı ve insanlık için yeni bir umudu temsil etmek için burada olduğuna inananlar olduğunu da anlıyoruz, ancak Büyük Camia ile ilgili hiçbir şey bilmeyenler bunu nasıl bilebilirler? Beklentileri ve durumun bu olması arzularıdır ve bu tür dilekler ziyaretçiler tarafından bariz nedenlerle sağlanmaktadır.

Burada söylediğimiz şey, dünyada gerçek özgürlük, gerçek güç ve gerçek birlikten başka bir şey olamaz. Mesajımızı herkese açık hale getiriyoruz ve sözlerimizin ciddiye alınabileceği ve dikkate alınabileceğine güveniyoruz. Yine de cevabınız üzerinde kontrolümüz yok. Ve batıl inançlar ve dünyanın korkuları, mesajımızı birçoklarının ulaşamayacağı hale getirebilir. Ancak söz hala orada. Size daha fazlasını vermek için, dünyanızı ele geçirmek zorunda kalmalıyız ki bunu istemiyoruz. Bu nedenle işerinize müdahale etmeden verebileceğimiz her şeyi veriyoruz. Yine de müdahale isteyen birçok kişi var. Başka biri tarafından kurtarılmak istiyorlar. İnsanlık için ihtimallere güvenmiyorlar. İnsanlığın doğasında var olan güç ve yeteneklere inanmazlar. İsteyerek özgürlüklerini verecekler. Ziyaretçiler tarafından ne söyleniyorsa inanacaklar. Ve kendilerine verilecek olanın kendi kurtuluşları olduğunu düşünerek yeni sahiplerine hizmet edeceklerdir.

Özgürlük Büyük Camia'da değerli bir şeydir. Bunu asla unutmayın. Özgürlüğünüz, özgürlüğümüzdür. Ve özgürlük nedir? İlmi takip etme, Yaratıcı'ın size verdiği gerçeklik ve İlmi ifade etme ve İlmin tüm tezahürlerine katkıda bulunma yeteneğidir.

Ziyaretçileriniz bu özgürlüğe sahip değil. Onlar için bilinmiyor. Dünyanızın kargaşasına bakarlar ve burada getirecekleri düzenin sizin için yarar sağlayacağına ve sizi kendinizi imha etmenizden kurtaracağınıza inanırlar. Size tek verebilecekleri bu, çünkü tek sahip oldukları bu. Ve sizi kullanacaklar, ancak bunu uygunsuz bulmuyorlar, çünkü kendileri de kullanılıyor ve buna bir alternatif bilmiyorlar. Programlamaları, koşullanmaları, öyle derin ki, onlara daha derin maneviyat seviyesine ulaşmaları, yalnızca uzak bir ihtimaldir. Bunu yapacak gücünüz yok. Ziyaretçilerinizi etkilemek için bugün olduğunuzdan çok daha güçlü olmanız gerekir. Yine de, uyumları Büyük Camia'da çok sıradışı değil. Bu özellikle uzayın geniş alanlarda işleyen tekdüzelik ve uyumluluğun verimli işleyiş için gerekli olduğu büyük kolektiflerde çok yaygındır.

Bu nedenle, Büyük Camia'ya korku ile bakmayın, nesnellik ile bakın. Tanımladığımız koşullar, dünyanızda zaten var. Bunları anlayabilirsiniz. Manipülasyon sizin tarafınızdan bilinir. Nüfuz sizler tarafından bilinir. Onlarla bu kadar büyük bir ölçekte hiç karşılaşmadınız ve de diğer zeki yaşam biçimleriyle rekabet etmek zorunda kalmadınız. Sonuç olarak, henüz bunu yapacak becerilere sahip değilsiniz.

İlimden bahsediyoruz, çünkü bu sizin en büyük yeteneğinizdir. Zaman içinde hangi teknolojiyi geliştirebileceğinize bakmaksızın, İlim en büyük umudunuzdur. Teknolojik gelişiminizde ziyaretçilerin yüzyıllarca gerisindesiniz, bu nedenle İlme güvenmelisiniz. Bu, evrendeki en büyük güçtür ve ziyaretçileriniz onu kullanmaz. Bu sizin tek umudunuz. Bu nedenle, Büyük Camia Maneviyatı Öğretisi İlmin Yolunu öğretir, İlime Giden Adımları sağlar ve Büyük Camia Bilgeliğini ve Kavrayışını öğretir. Bu hazırlık olmadan, ikileminizi anlama veya etkin bir şekilde karşılık verme becerisine ya da bakış açısına sahip olamazsınız. Bu çok büyük. Bu çok yeni. Ve bu yeni şartlara adapte değilsiniz.

Ziyaretçilerin etkisi her geçen gün artıyor. Bunu duyan, bunu hisseden ve bunu bilen her insan, İlim Yolu, Büyük Camia İlim Yolunu öğrenmelidir. Bu bir çağrı. Bu bir hediye. Bu bir meydan okuma.

Daha hoş koşullar altında, ihtiyaç büyük görünmüyor olabilir. Fakat ihtiyaç muazzamdır, çünkü güvenlik yoktur, saklanacak yer yoktur, dünyadaki burada bulunan yabancı varlığından güvenli bir inziva alanı yoktur. Bu yüzden sadece iki seçenek var: boyun eğebilir veya özgürlüğünüzü koruyabilirsiniz.

Bu her insanın önüne konulan bu büyük karar. Bu önemli bir dönüm noktası. Büyük Camia'da aptal olamazsınız. Çok fazla talepkar bir ortamdır. Mükemmellik, kararlılık gerektirir. Dünyanız çok değerli. Buradaki kaynaklar başkaları tarafından imreniliyor. Dünyanızın stratejik konumuna büyük önem veriliyor. Eğer uzak bir dünyada, herhangi bir ticaret yolundan uzakta, tüm ticari uğraşlardan uzakta yaşıyor olsaydınız bile, sonunda birileri tarafından keşfedilirdiniz. Bu olasılık şimdi sizin için gerçekleşti. Ve çoktan başlamıştır.

O zaman cesur olun. Bu, kararsızlık değil, cesaret zamanı. Karşınıza çıkan durumun ağırlığı, sadece yaşamınızın önemini değil ve buna olan cevabınızı ve dünyaya verilen hazırlığın önemini teyit eder. Bu sadece aydınlatma ve geliştirme için değil. Sizin korunmanız ve hayatta kalmanız içindir.

# Sorular ve Cevaplar

Ş imdiye kadar sağladığımız bilgiler ışığında, gerçekliğimiz ve verdiğimiz mesajların önemi ile ilgili kesin olarak ortaya çıkması gereken sorulara cevap vermenin önemli olduğunu düşünüyoruz.

♦

*"Sağlam deliller olmadığı göz önüne alındığında insanlar neden Müdahale hakkında onlara söylediklerinize inanmalı?"*

Öncelikle, dünyanızın ziyaretiyle ilgili büyük kanıtlar olmalı. Bize bunun böyle olduğu söylendi. Yine de biz Görünmeyenler tarafından da insanların kanıtları nasıl anlayacaklarını bilmediklerini ve kendi kendilerine anlam verdiklerini, yani kendi tercih ettikleri çoğunlukla rahatlık ve güvence sağlayan bir anlam verdiklerini, ifade etti. Bu meseleyi araştırmak ve araştırmak için zaman ayırırsanız, Müdahalenin bugün dünyada gerçekleştiğini doğrulamak için yeterli delil bulunduğundan eminiz. Hükümetleriniz veya dini liderlerinizin böyle şeyleri açığa çıkarmaması, bu kadar büyük bir olayın tam ortasında olmadığınız anlamına gelmez.

◆

*"İnsanlar sizin gerçek olduğunuzu nasıl bilebilir?"*

Gerçekliğimizle ilgili olarak, size fiziksel varlığımızı gösteremeyiz ve bu yüzden sözlerimizin anlamını ve önemini ayırt etmeniz gerekir. Bu noktada, bu sadece bir inanç meselesi değil. Daha büyük bir tanıma, İlim, rezonans gerektirir. Konuştuğumuz kelimeler ve inandıklarımız doğru, ancak bu şekilde kabul edileceklerini garanti etmiyor. Mesajımıza verilecek cevabı kontrol edemiyoruz. Verilebilecek olandan daha fazla delile ihtiyaç duyan insanlar var. Diğerleri için, böyle bir kanıt gerekli olmayacak, çünkü içsel bir onay hissedecekler.

Bu arada, belki bir tartışma konusu olmaya devam ediyoruz ve yine de sözlerimizin ciddiye alınabileceğini ve var olan kanıtların, bunun yaşamlarında çaba ve odakları olacak istekli kişiler tarafından toplanabileceğini ve anlaşılabileceğini umuyoruz ve güveniyoruz. Bizim açımızdan dikkatinizi çekmesi gereken daha büyük bir sorun, zorluk ve fırsat yok.

Bu nedenle, yeni bir anlayışın başlangıcındasınız. Bu, inanç ve özgüven gerektirir. Birçoğu sözlerimizi reddedecek, çünkü var olabileceğimize inanmıyorlar. Diğerleri belki de dünya üzerinde yapılan bazı manipülasyonların bir parçası olduğumuzu düşüneceklerdir. Bu cevapları kontrol edemiyoruz. Sadece mesajımızı ve yaşamınızdaki varlığımızı açığa vurabiliriz, ancak bu varlık kaldırılabilecek olsa da. Buradaki varlığımız büyük önem taşımıyor, ancak açığa çıkardığımız mesaj ve sizin için sağlayabileceğimiz daha büyük bakış açısı ve anlayış önemlidir. Eğitiminiz bir yerden başlamalı. Tüm eğitim bilmek arzusu ile başlar.

Umarız söylemlerimiz aracılığıyla burada sunduklarımızı ortaya çıkarmak için en azından bir kısmınızın güvenini kazanabiliriz.

◆

*"Müdahaleyi olumlu bir şey olarak görenlere ne söyleyeceksiniz?"*

Her şeyden önce, göklerden gelen tüm kuvvetlerin, sizin ruhsal anlayışınız, gelenekleriniz ve temel inançlarınızla ilgili olduğu beklentisini anlıyoruz. Evrende basit yaşam olduğu fikri, bu temel varsayımlara bir meydan okumadır. Bizim bakış açımızdan ve kendi kültürlerimizin deneyimini göz önüne alarak bu beklentileri anlıyoruz. Uzak geçmişte biz de onlara sahiptik. Ve yine de onları, Büyük Camia yaşamının gerçekleri ve ziyaretin anlamı ile yüzleşmekten vazgeçmek zorunda kaldık.

Harika bir fiziksel evrende yaşıyorsunuz. Tamamiyle hayat dolu. Bu yaşamın sayısız tezahürünü temsil eder ve aynı zamanda her seviyede zeka ve ruhsal farkındalığın evrimini temsil eder. Bunun anlamı, Büyük Camia'da karşılaşacağınız şeylerin hemen hemen her olasılığı içermektedir.

Ancak, tecrit edilmiş durumdasınız ve henüz uzayda yolculuk yapmıyorsunuz. Ve başka bir dünyaya ulaşma yeteneğiniz olsa bile, evren çok geniştir ve hiç kimse galaksinin bir ucundan diğerine herhangi bir hızla gitme yeteneğini kazanmamıştır. Bu nedenle, fiziksel evren muazzam ve akıl almaz kalır. Kimse kanunlarına hakim değil. Kimse onun topraklarını fethetmedi. Hiç kimse tam hakimiyet veya kontrol iddia edemez. Yaşam bu şekilde büyük bir tevazü etkisine sahiptir. Sınırlarınızın çok ötesinde bile bu doğrudur.

Demek ki iyilik olan güçler, cehalet temsil eden güçler ve size karşı tarafsız olan güçler ve zekalar ile tanışmayı beklemelisiniz. Bununla birlikte, Büyük Camia'daki seyahat ve keşiflerinin gerçeklerine, kendiniz gibi yeni ortaya çıkan ırklar ilk temasları olarak, neredeyse istisnasız olarak, kaynak araştırıcıları, kolektifler ve Büyük Camia yaşamında kendileri için avantaj arayanlar ile karşılaşırlar.

Ziyaretin olumlu yorumlanması ile ilgili olarak, bunun bir kısmı insan beklentisi ve iyi bir sonuç elde etmek ve insanlığın kendi başına çözemediği sorunlar için Büyük Camia'dan yardım istemek için doğal bir istektir. Bu tür şeyleri beklemek normaldir, özellikle ziyaretçilerinizin sizden daha büyük yetenekleri olduğunu düşünülünce. Bununla birlikte, büyük ziyaretin yorumlanmasındaki problemin büyük bir kısmı ziyaretçilerin kendi iradeleri ve gündemleriyle ilgilidir. Çünkü her yerdeki insanları buradaki varlıklarını insanlığa ve onun ihtiyaçlarına tamamen yararlı olarak görmeye teşvik ediyorlar.

◆

*"Bu Müdahale çok iyi gidiyorsa, neden daha önce gelmediniz?"*

Daha önceki bir zamanda, yıllar önce, müttefiklerinizden birkaç grup, bir umut mesajı vermek, insanlığı hazırlamak için ziyaret etmek için dünyanıza geldi. Ancak ne yazık ki, mesajlarını anlamadı ve onları alabilen birkaç kişi tarafından kötüye kullanıldı. Gelmelerinin ardından, kolektiflerden gelen ziyaretçiler toplandı ve büyük sayılarda geldiler. Bunun olacağı bizce biliniyordu, çünkü dünyanız gözden kaçırılmayacak kadar değerli ve dediğimiz gibi, evrenin uzak ve ıssız bir yerinde değil. Dünyanız, onu kendi çıkarları için kullanmak isteyenler tarafından uzun süredir gözlemleniyordu.

◆

*"Müttefiklerimiz neden Müdahale'yi durduramıyor?"*

Sadece gözlemlemek ve tavsiyelerde bulunmak için buradayız. İnsanlığın karşısındaki büyük kararlar sizin elinizde. Bu kararları sizin için başka kimse veremez. Dünyanızın çok ötesindeki iyi arkadaşlarınız bile müdahale etmeyecektir, çünkü öyle yaparlarsa savaşa neden olacaklar ve dünyanız karşıt güçlerin savaştığı bir savaş alanı haline gelecektir. Ve arkadaşlarınız muzaffer olsaydı, onlara tamamen bağımlı olur, kendiniz için mücadele edemez ve evrende kendi güvenliğinizi koruyamazdınız. Bu yükü üstlenmeye çalışacak hiçbir hayırlı ırk olmadığını biliyoruz. Ve aslında, bu size de hizmet etmez. Çünkü başka bir iktidara bir müşteri devleti olacak ve uzaktan yönetilmek zorunda kalacaksınız. Bu, hiçbir şekilde sizin için faydalı değildir ve bu nedenle bunun gerçekleşmemektedir. Ancak ziyaretçiler kendilerini insanlığın kurtarıcıları ve cankurtaran olarak tanıtacak lardır. Sizin saflığınızı kullanacaklar. Beklentilerinizden faydalanacaklar ve güveninizden tamamen faydalanmaya çalışacaklar.

Bu nedenle, sözlerimizin varlıklarına, manipülasyonlarına ve suistimallerine karşı panzehir görevi görebileceği içten arzumuzdur. Çünkü haklarınız ihlal ediliyor. Bölgenize sızılmış. Hükümetleriniz ikna ediliyor. Ve dini ideolojileriniz ve dürtüleriniz yönlendiriliyor.

Bununla ilgili gerçeğin bir sesi olmalı. Ve biz sadece bu hakikatin sesini alabileceğinize güvenebiliriz. Sadece onların iknalarının çok fazla ileri gitmediğini umabiliriz.

◆

*"Bizim belirleyeceğimiz gerçekçi hedefler neler ve insanlığı kendi kaderini tayin etme kabiliyetini kaybetmesinden kurtarmanın en önemli yolu nedir?"*

İlk adım farkındalıktır. Pek çok insan, Dünya'nın ziyaret edildiğini ve yabancı güçlerin burada gizlice işlediğini, gündemlerini ve çabalarını insan anlayışından gizlemeye çalıştığını bilmelidir. Buradaki varlıklarının insan özgürlüğü ve kendi kaderini tayini için büyük bir zorluk olduğu çok açık olmalıdır. İlerletmekte oldukları gündem ve sponsorluk yaptıkları

Pasifizasyon Programı, onların mevcudiyeti ile ilgili bilgelik ve bilgelik ile karşılanmalıdır. Bu karşı koyma gerçekleşmeli. Bugün dünyada bunu anlayabilen birçok insan var. Bu nedenle, ilk adım farkındalıktır.

Bir sonraki adım eğitimdir. Farklı kültürlerdeki ve farklı ülkelerdeki birçok insanın Büyük Camia'daki yaşam hakkında bilgi edinmesi ve şu anda bile neyle başa çıkacağınızı ve neyle karşılaştığınızı kavramaya başlaması gerekir.

Bu nedenle, gerçekçi hedefler farkındalık ve eğitimdir. Bu, kendi başına, ziyaretçilerin dünyadaki gündemini engeller. Şimdi çok az dirençle çalışıyorlar. Birkaç engelle karşılaşıyorlar. Onları "insanlığın müttefiki" olarak görmeyi amaçlayan herkes, bunun böyle olmadığını öğrenmelidir. Belki sözlerimiz yeterli olmayacak, ama onlar bir başlangıç.

◆

*"Bu eğitimi nerede bulabiliriz?"*

Eğitim, şu anda dünyada sunulmakta olan Büyük Camia İlim Yolu'nda bulunabilir. Evrendeki yaşam ve maneviyat hakkında yeni bir anlayış sunsa da, dünyanızda zaten var olan tüm gerçek manevi yollarla, insan özgürlüğüne ve gerçek maneviyatın anlamını değerlendirip, insan ailesi için işbirliğine, huzura ve uyuma değer veren manevi yollara bağlanır. Bu nedenle, İlim Yolu'ndaki öğretim, dünyanızda zaten var olan tüm büyük gerçekleri gerektirir ve onlara daha geniş bir bağlam ve ifade alanı verir. Bu şekilde, Büyük Camia İlim Yolu, dünya dinlerinin yerini almaz, ancak zamanızı için gerçekten anlamlı ve anlamlı olabilecekleri daha geniş bir bağlam sağlar.

◆

*"Mesajınızı başkalarına nasıl iletiriz?"*

Gerçek şu anda her insanın içinde yaşıyor. Bir kişiyle gerçeği konuşabiliyorsanız, güçlenecek ve rezonansa başlayacaktır. Büyük ve dünyanıza hizmet eden manevi güçlerin, Görünmeyenlerin umudu, ve insan özgürlüğüne değer veren ve sizin Büyük Camia içinde ortaya çıkışınızı başarıyla görmek isteyenlerin umudu, her insanın içinde yaşayan bu gerçeğe güvenmektir. Bu farkındalığı size zorlayamayız. Bunu yalnızca size açıklayabiliriz ve Yaratıcı'nın size ve başkalarının cevap vermesine olanak verecek olan İlmin büyüklüğüne güvenebiliriz.

◆

*"İnsanlığın güçleri Müdahaleye karşı çıkma konusunda nerede yatıyor?"*

Öncelikle, dünyanızı gözlemlemekten ve Görünmeyenlerin bize göremediğimiz şeylerle ilgili bize söylediklerinden, dünyada büyük sorunlar olsa da, Müdahaleye karşı çıkmak için bir temel oluşturmak için yeterli insan özgürlüğünün olduğunu anlıyoruz. Bu, hiçbir zaman bireysel olarak özgürlüğün başlamak için mevcut olmadığı birçok dünyanın tersine bir durumdur. Bu dünyalar yabancı güçlerle ve Büyük Camia'nın yaşamının gerçekliğiyle karşı karşıya kaldığında, özgürlük ve bağımsızlık kurma olasılıkları çok sınırlıdır.

Bu nedenle, insan özgürlüğünün dünyanızda bilinmesi ve belki de herkes olmasa da birçok kişi tarafından uygulanmasında büyük bir gücünüz var. Kaybedecek bir şey olduğunu biliyorsunuz. Ne ölçüde kurulmuş ise, onun ne olduğuna değer veriyorsunuz. Yabancı güçler tarafından yönetilmek istemiyorsunuz. İnsan otoriteleri tarafından sert bir şekilde yönetilmeyi bile istemiyorsunuz. Bu nedenle, bu bir başlangıçtır.

Sonra, dünyanız, bireyde İlimi besleyen ve insan işbirliğini ve anlayışı geliştiren zengin ruhsal geleneklere sahip olduğu için, İlim gerçekliği çoktan kurulmuştur. Yine, İlmin hiçbir zaman kurulmadığı diğer dünyalarda, onu Büyük Camia'da ortaya çıkmanın dönüm noktasında kurma olasılığı, başarı için çok az umut veriyor. İlim burada yeteri kadar insanda, Büyük Camia'daki yaşamın gerçekliğini öğrenebilecek ve bu zamanda onların ortasında olanları kavrayabilecek kadar güçlüdür. Bu nedenle umutluyuz, insan bilgeliğine güveniyoruz. İnsanların hayatı daha iyi görebilmeleri ve kendi türlerine hizmet için daha büyük sorumluluk hissetmeleri için bencilliğin, kendini meşgul etmenin ve kendini korumanın ötesine çıkabileceğine inanıyoruz.

Belki inancımız temelsizdir, ancak Görünmeyenlerin bize bu konuda akıllıca bilgi verdiğine güveniyoruz. Sonuç olarak, dünyanızın yakınında konumlandık ve sınırlarınızı aşan, geleceğiniz ve kaderiniz üzerinde doğrudan etkisi olan olaylara tanık olarak kendimizi riske attık.

İnsanlığın büyük umut vaad ediyor. Dünyadaki artan bir farkındalık - uluslar arasında işbirliğinin olmayışı, doğal çevrenizin bozulması, azalan kaynaklar vb. mevcut. Bu sorunlar halkınız için bilinmeseydi, bu gerçeklikler halkınızdan gizlenseydi, insanların bu şeylerin varlığından haberi olmasaydı bu kadar umutlu olmazdık. Ancak, gerçek şu ki, insanlığın dünyaya herhangi bir müdahaleyi önleme potansiyeli ve vaadi var.

◆

*"Bu Müdahale askeri bir istila olacak mı?"*

Söylediğimiz gibi, dünyanız askeri bir istilayı teşvik etmek için çok kıymetli. Dünyanızı ziyaret eden hiç kimse altyapısını veya doğal kaynaklarını yok etmek istemez. Bu nedenle ziyaretçiler, insanlığı yok etmek istemiyorlar, bunun yerine insanlığın kolektiflerine hizmet etmesini istiyorlar.

Sizi tehdit eden askeri istila değil. Bu, yönlendirme ve ikna etme gücüdür. Bu, kendi zayıflığınıza, kendi bencilliğinize, Büyük Camia'daki yaşamla ilgili cehaletinize ve geleceğiniz ve sınırlarınızın ötesindeki yaşamın anlamına ilişkin kör iyimserliğiniz üzerine inşa edilecektir.

Buna karşı koymak için eğitim veriyoruz ve şu anda dünyaya gönderilen hazırlık araçlarından söz ediyoruz. Eğer insan özgürlüğünü bilmiyor olsaydınız, dünyanıza özgü sorunların farkında olmasaydınız, o zaman size böyle bir hazırlığı emanet edemezdik. Ve sözlerimizin bildiklerinizin gerçeği ile rezonansa gireceğinden emin olmazdık.

◆

*"İnsanları ziyaretçiler kadar güçlü bir şekilde, ancak iyilik için etkileyebilir misiniz?"*

Niyetimiz bireyleri etkilemek değildir. Niyetimiz yalnızca sorunu ve ortaya çıktığınız gerçeği sunmaktır. Görünmeyenler, Tanrı'dan geldiği için asıl hazırlık araçlarını sağlıyorlar. Bunda, Görünmeyenler bireyleri iyilik için etkiler. Ancak sınırlamalar var. Söylediğimiz gibi, güçlendirilmesi gereken öz kararlılığınız. Arttırılması gereken sizin gücünüzdür. Desteklenmesi gereken insan ailesi arasındaki işbirliğinizdir.

Ne kadar yardım sağlayabileceğimize dair sınırlamalar var. Grubumuz küçük. Aranızda dolaşmıyoruz. Bu nedenle, yeni realitenizin büyük anlayışı kişiden kişiye paylaşılmalıdır. Kendi iyiliğiniz için olsa bile, bu yabancı bir güç tarafından zorlanamaz. Öyleyse, böyle bir ikna programına sponsor olursak özgürlüğünüzü ve özkararlılığınızı desteklemeyiz. Burada çocuklar gibi olamazsınız. Olgun ve sorumlu olmalısın. Burada tehlikede olan özgürlüğünüz. Burada tehlikede olan senin dünyan. İhtiyacınız olan birbirinizle olan işbirliğinizdir.

Artık ırkınızı birleştirmek için harika bir nedeniniz var, çünkü hiçbiriniz bir diğeri olmadan fayda göremez. Başka bir ulusun yabancı kontrolü altına girmesi durumunda hiçbir ulus fayda göremez. İnsan özgürlüğü tam olmalı. İşbirliği dünyanızda gerçekleşmeli. Çünkü şimdi herkes aynı durumda. Ziyaretçiler bir grubun diğerine, bir ırkı diğerine, bir ulusun diğerine karşı gözetmez. Sadece varlıklarını ve dünyanıza hükmetmelerini sağlamak için en az direnişin yolunu ararlar.

◆

*"İnsanlığa sızmaları ne kadar kapsamlı?"*

Ziyaretçiler, dünyanızdaki en gelişmiş ülkelerde, özellikle Avrupa, Rusya, Japonya ve Amerika ülkelerinde önemli bir varlığa sahiptir. Bunlar en güçlü güç ve etkiye sahip, en güçlü uluslar olarak görülmektedir. Ziyaretçilerin konsantre olacağı yer burası. Bununla birlikte, dünyanın her yerinden insanları alıyorlar ve eğer bu kişiler etkilerine duyarlı olabilirlerse, Pasifize Programlarını yakaladıkları herkesle birlikte ilerletiyorlar. Bu nedenle, ziyaretçilerin varlığı dünya çapındadır, ancak müttefikleri olacağını umduklarına odaklanıyorlar. Bunlar, en büyük güce sahip olan ve insan düşünce ve inancı üzerinde tesir eden milletler, hükümetler ve dini liderlerdir.

◆

*"Ne kadar zamanımız var?"*

Ne kadar zamanınız var? Biraz zamanın var, ancak ne kadar söyleyemeyiz. Ama acil bir mesajla geliyoruz. Bu, basitçe önlenebilecek veya reddedilebilecek bir problem değildir. Bizim açımızdan, insanlığın karşılaştığı en önemli zorluktur. En büyük endişe, birinci öncelik. Hazırlıkta geç kaldınız. Bu bizim kontrolümüz dışındaki birçok faktörden kaynaklandı. Ama cevap verebilirseniz zaman var. Sonuç belirsiz ve henüz başarınız için hala umut var.

◆

*"Şu anda meydana gelen diğer küresel sorunların yoğunluğu nedeniyle bu Müdahaleye nasıl odaklanabiliriz?"*

Her şeyden önce, dünyada bu kadar önemli başka bir sorun olmadığını hissediyoruz. Bizim açımızdan, kendi başınıza çözebilecekleriniz, özgürlüğünüzün kaybolması durumunda gelecekte çok az anlam ifade edecektir. Ne kazanmayı umabilirsiniz? Büyük Camia'da özgür değilseniz, ne elde etmeyi veya güvence altına almayı umabilirsiniz? Tüm başarılarınız yeni valilerinize verilecek; zenginliklerinizin hepsi onlara verilecek. Ziyaretçileriniz acımasız olmasa da, tamamen gündemine odaklıdır. Sadece kendi sebeplerine faydalı olabileceğiniz sürece size değer verilir. Bu nedenle, insanlığın karşılaştığı bu kadar önemli olan başka sorunlar olduğunu hissetmiyoruz.

◆

*"Bu duruma kim cevap verecek?"*

Kimlerin cevap verebileceğine ilişkin olarak, bugün Dünya'da Büyük Camia hakkında doğal bir bilgiye sahip ve buna duyarlı birçok insan var. Ziyaretçiler tarafından zaten alı konulmuş, ancak kendilerine boyun eğmeyen veya ikna edilmemiş birçok kişi var. Ve insanlığın geleceği hakkında endişeli olan ve kendi dünyanızda bile, insanlığın karşılaştığı tehlikelere karşı uyarılan birçok kişi var. Bu üç kategoriden hepsinde veya herhangi birindeki kişiler, Büyük Camia gerçekliğine ve Büyük Camia topluluğuna hazırlık yapan ilk kişiler arasında olabilir. Herhangi bir yaşam sahasından, herhangi bir milletten, herhangi bir dini geçmişten veya herhangi bir ekonomik gruptan gelebilirler. Kelimenin tam anlamıyla tüm dünyada bu kişiler. Bu insanların refahını koruyan ve denetleyen büyük Ruhsal Güçlere ve onların tepkisine bağlıdır.

◆

*"Bireylerin dünyanın her yerine alındığını belirtiyorsunuz.*
*İnsanlar kendilerini veya başkalarını kaçırılmaktan nasıl*
*koruyabilirler?"*

İlim ile ne kadar güçlü olursanız ve ziyaretçilerin varlığının farkında olursanız, onların çalışmaları ve manipülasyonları için o kadar istenmeyen bir kişi olursunuz. Onlarla karşılaşmalarınızda ne kadar çok onlar ile ilgili iç görü kazanmaya çalışırsanız, onlar için o kadar tehlike yaratırsınız. Söylediğimiz gibi, en az direnç yolunu ararlar. Uyumlu ve verimli bireyler istiyorlar. Onlara az sorun çıkaran ve endişelenmeyenleri istiyorlar.

Hatta İlim ile güçlendikçe, kontrollerinin ötesinde olacaksınız çünkü artık aklınızı ya da kalbinizi ele geçiremeyecekler. Ve zamanla, istemedikleri şey olan, onların zihinlerini görmek için algılama gücüne sahip olacaksınız. Daha sonra onlar için bir tehlike haline gelirsiniz, onlar için bir meydan okumadır ve eğer yapabilirlerse sizden kaçınırlar. Ziyaretçiler açığa çıkarılmayı istemiyorlar. Çatışma istemiyorlar. İnsan ailesinden ciddi bir direniş olmadan hedeflerine ulaşabilecekleri konusunda kendilerine çok güveniyorlar. Ancak böyle bir direnç bir kez kurulduktan sonra, İlmin gücü bireyde uyandığında, ziyaretçiler çok daha zorlu bir engelle karşı karşıya kalır. Buradaki müdahaleleri engellenir ve gerçekleşmesi daha zor hale gelir. Ve iktidardakilerin ikna edilmesi daha da zorlaşır. Bu nedenle, buradaki temel bireyin gerçeğe olan tepkisi ve bağlılığıdır.

Ziyaretçilerin varlığından haberdar olun. Buradaki varlıklarının manevi bir nitelikte olduğuna ya da insanlık için büyük yarar ya da kurtuluşa sahip olduğuna inanmayın. İknaya karşı çıkın. Kendi iç otoritenizi, Yaratıcı'nın size verdiği büyük armağanı tekrar kavuşun. Temel haklarınızı ihlal eden veya reddedenlerle ilgili olarak dikkate alınması gereken bir güç olun.

Bu, Manevi Gücün ifade edilmesidir. Yatıcının'ın İradesi, insanlığın kendi içinde birleşmiş ve dış müdahale ve tahakkümden arınmış bir şekilde, Büyük Camia içinde ortaya çıkması gerektiğidir. Yaratıcı'nın İradesi geçmişinize benzemeyen bir geleceğe hazırlanmanız gerektiğidir. Biz Yatıcıya hizmette bulunuyoruz ve bu yüzden varlığımız ve sözlerimiz bu amaca hizmet ediyor.

◆

*"Ziyaretçiler insanlıkta veya belirli kişilerde dirençle karşılaşırlarsa, daha mı fazla gelirler yoksa ayrılır mı?"*

Sayıları pek iyi değil. Önemli bir dirençle karşılaşırlarsa geri çekilmek ve yeni planlar yapmak zorunda kalacaklardır. Onlar, görevlerinin ciddi engeller olmadan yerine getirilebileceğinden tamamen eminler. Yine de ciddi engeller ortaya çıkarsa, müdahaleleri ve iknaları engellenir ve insanlıkla temas etmenin başka yollarını bulmak zorunda kalırlar.

Bu etkiyi dengelemek için insan ailesinin yeterli direnç ve yeterli fikir birliği üretebileceğine güveniyoruz. Bundan dolayı umut ve gayretlerimizi temel alıyoruz.

◆

*"Uzaylıların sızma sorunuyla ilgili kendimize ve başkalarından sormamız gereken en önemli sorular neler?"*

Belki de kendinize soracağınız en kritik sorular şudur: "Biz evrende veya kendi dünyamızda yalnız mıyız? Şu anda ziyaret ediliyor muyuz? Bu ziyaret bizim için faydalı mı? Hazırlanmalı mıyız? "

Bunlar çok temel sorular, ancak sorulmaları gerekiyor. Bununla birlikte, cevaplanamayan birçok soru var, çünkü Büyük Camai'daki yaşam hakkında yeterince bilginiz yok ve bu etkileri önleme yeteneğine sahip olduğunuzdan emin değilsiniz. Öncelikle geçmişe odaklanmış olan insan eğitiminde eksik olan birçok şey var. İnsanlık, uzun bir göreceli izolasyon durumundan çıkmaktadır. Eğitimi, değerleri ve kurumları bu tecrit durumunda kurulmuştur. Oysa sizin izolasyonunuz artık sonsuza dek bitti. Bunun olacağı her zaman biliniyordu. Bunun olması kaçınılmazdı. Bu nedenle, eğitiminiz ve değerleriniz, uyum sağlamaları gereken yeni bir bağlama giriyor. Ve adaptasyon bugün dünyadaki Müdahalenin doğası gereği hızlı bir şekilde yapılmalıdır.

Cevaplayamadığınız birçok soru olacak. Onlarla yaşamak zorunda kalacaksınız. Büyük Camia hakkında eğitimin sadece başlangıçtır. Ona büyük ağırbaşlılık ve özenle yaklaşmalısınız. Durumu zevkli veya güven verici hale getirmek için kendi eğilimlerinizle mücadele etmelisiniz. Yaşamla ilgili bir nesnellik geliştirmelisiniz ve dünyanızı ve geleceğinizi şekillendiren daha büyük güçlere ve olaylara cevap verecek bir pozisyona sokmak için kendi kişisel ilgi alanınızın ötesine bakmalısınız.

◆

*"Yeterince insan cevap vermezse ne olur?"*

İnsan ailesine söz vermek ve umut vermek için söyleyebiliriz ki yeterli sayıda insanın Büyük Camia'daki yaşam hakkındaki büyük eğitimlerine başlayabileceklerinden eminiz. Buna ulaşılamıyorsa, özgürlüklerine değer veren ve bu eğitimi alanların inzivaya çekilmeleri gerekecek. Dünya tamamen kontrol altındayken, İlimi dünyada hayatta tutmak zorunda kalacaklar. Bu çok kasvetli bir alternatiftir, ancak diğer dünyalarda da ortaya çıkmıştır. Böyle bir konumdan özgürlüğe dönüş yolculuğu oldukça zordur. Bunun sizin kaderiniz olmayacağını umuyoruz ve bu yüzden burada size bu bilgiyi veriyoruz. Söylediğimiz gibi, dünyada ziyaretçilerin niyetlerini dengelemek ve insani ilişkiler ve insani değerler üzerindeki etkilerini engellemek için cevap verebilecek kadar insan var.

◆

*"Büyük Camia'da ortaya çıkan diğer dünyalardan bahsediyorsunuz. Durumumuzu etkileyebilecek başarı ve başarısızlıklardan bahsedebilir misiniz?"*

Başarılar oldu, yoksa bizler burada olmazdık. Benim durumumda, grubumuzun sözcüsü olarak söyleyebilirim ki elimizdeki durumu fark etmeden önce dünyamıza çoktan sızılmıştı. Eğitimimiz, kendimiz gibi bir grubun gelmesi, durumumuz hakkında bilgi ve bilgi sağlaması ile yönlendirildi. Dünyamızda hükümetimizle etkileşime giren yabancı kaynak tacirleri vardı. O zaman iktidarda olanlar, ticaretin ve işin bizim için yararlı olacağına ikna edildi, çünkü kaynak tükenmesi yaşamaya başlamıştık. Sizinkinin aksine, Irkımız birleşmiş olmasına rağmen, tamamen bize sunulan yeni teknolojiye ve fırsatlara bağımlı olmaya başladık. Ve bu gerçekleştiği gibi, iktidarın merkezinde bir kayma oldu. Müşteri oluyorduk. Ziyaretçiler tedarikçiler haline geliyordu. Zaman geçtikçe, kurnazlıkla ilk şartlar ve kısıtlamalar üzerimize getirildi.

Dini odağımız ve inancımız, manevi değerlerimize ilgi gösteren ziyaretçiler tarafından etkilenmişti, ancak bize yeni bir anlayış sunmak istediler, birbirine benzer düşünen zihinlerin işbirliğine dayanan, kollektife dayalı bir anlayış. Bu, ırkımıza maneviyat ve ilerlemenin bir ifadesi olarak sunuldu. Bazıları ikna edildi ve henüz dünyamızın dışındaki müttefiklerimizden, kendimiz gibi müttefiklerimizden iyi bir şekilde haberdar olduğumuz için bir direniş hareketi kurmaya başladık ve zaman içinde ziyaretçileri dünyamızı terk etmeye zorlayabildik.

O zamandan beri, Büyük Camia hakkında çok şey öğrendik. Yaptığımız ticaret seçici ve sadece birkaç başka ulusla kısıtlı. Kolektiflerden uzak durduk ve bu da özgürlüğümüzü korudu. Ve yine de başarımızın başarılması zordu, çünkü bu çatışma karşısında çoğumuz ölmek zorunda kaldı. Bizimki bir başarı öyküsüdür, fakat bedelsiz değildir. Grubumuzda, Büyük Camiadaki müdahale güçleriyle etkileşimlerinde benzer zorluklar yaşayan başkaları da var. Ve nihayetinde sınırlarımızın ötesine geçmeyi öğrendiğimiz için birbirimizle ittifak kurduk. Büyük Camiada maneviyatın ne anlama geldiğini öğrendik. Ve dünyamıza da hizmet eden Görünmeyenler, bu konudaki tecritten Büyük Camia bilincine büyük geçiş yapmak için bize yardımcı oldu.

Ancak farkında olduğumuz birçok başarısızlık oldu. Yerli halkların kişisel özgürlük oluşturmadığı veya işbirliğinin meyvelerini almadığı, teknolojik olarak ilerlemelerine rağmen, evrende kendi bağımsızlıklarını kurma temelleri olmadı. Kolektiflere direnme yetenekleri çok sınırlıydı. Daha fazla güç, daha fazla teknoloji ve daha fazla zenginlik vaadiyle ve Büyük

Camia'da ticaretin görünen faydaları ile teşvik edilenlerin iktidar merkezleri dünyalarını terk etti. Sonunda, tamamen kendilerine tedarik edenlere, kaynaklarını ve altyapılarını kontrol altına alanlara tamamen bağımlı hale geldiler.

Elbette bunun nasıl olacağını hayal edebilirsiniz. Tarihinize göre kendi dünyanızda bile, daha küçük ulusların büyüklerin egemenliğine girdiğini gördünüz. Bunu bugün bile görebilirsiniz. Bu nedenle, bu fikirler tamamen size yabancı değildir. Büyük Camiada, dünyanızda olduğu gibi, güçlüler de zayıflara baskın olacaktır. Bu her yerdeki yaşamın bir gerçeğidir. Bu nedenle, güçlü olabilmeniz ve kendi kaderinizdeki kararlılığınızın artması için farkındalığınızı ve hazırlığınızı teşvik ediyoruz.

Birçoğunuz için evrende özgürlüğün nadir olduğunu anlamak ve öğrenmek, çok büyük bir hayal kırıklığı olabilir. Uluslar daha güçlü ve daha teknolojik hale geldikçe, halkları arasında daha fazla ve daha iyi bir tek biçimlilik ve uygunluk talep ediyorlar. Büyük Camia'ya girip Büyük Camia işlerine dahil olduklarında, bireysel ifadeye yönelik tolerans azalır, zenginliğe ve güce sahip büyük ulusların katı bir şekilde yönetildikleri ve iğrenç bulacağınız titiz bir tutum ile yönettiği noktaya gelir.

Burada, teknolojik ilerlemenin ve manevi ilerlemenin aynı olmadığını öğrenmeniz gerekir, bu konuda doğal bilgeliğinizi uygulayacaksanız, bunun öğrenmeniz gereken bir ders olduğunu öğrenmelisiniz.

Dünyanız çok değerli. Biyolojik olarak zengindir. Eğer bu ganimetin faydalanıcıları ve mükellefi olmak istiyorsanız onu korumanız gerekir. Dünyanızdaki başkaları tarafından değerli olduğu düşünülen bir yerde oturdukları için özgürlüklerini kaybeden insanları düşünün. Şimdi, bu durumda olan bütün insan ailesidir.

◆

*Ziyaretçiler düşünceleri yansıtmakta ve insanların Zihinsel Ortamını etkilemekte çok yetenekli oldukları için, gördüğümüz şeyin gerçek olmasını nasıl sağlarız?"*

Bilgece algının tek temeli İlmin geliştirilmesidir. Sadece gördüklerine inanıyorsanız, size gösterilenlere inanırsınız. Bize söylenen, bu perspektife sahip birçok kişi var. Yine de, her yerde Bilgelerin daha büyük bir vizyon ve daha iyi bir anlayış kazanması gerektiğini öğrendik. Ziyaretçilerinizin azizlerin ve dini figürlerin görüntülerini yansıtabileceği doğrudur. Bu çok sık uygulanmadığı halde, bu türden inançlara zaten kendini verilenler arasında bağlılık ve adanmışlık uyandırmak için kesinlikle kullanılabilir. Burada maneviyatınız, Bilgeliğin kullanılması gereken bir güvenlik açığı alanı haline gelir.

Yine de yaratıcı, size İlim'i gerçek ayırt etme için bir temel olarak vermiştir. Kendine gerçek olup olmadığını sorarsan ne gördüğünü bilirsin. Yine de bunu yapmak için, bu temele sahip olmalısınız ve bu yüzden İlim Yolu öğretiminin, Büyük Camia Maneviyatı öğrenmek için bu kadar temel olmasının nedeni budur. Bu olmadan insanlar inanmak istediklerine inanacaklar ve gördüklerine ve gösterilenlere güvenecekler. Ve özgürlük potansiyeli zaten kaybedilmiş olacak, çünkü ilk etapta asla gelişmesine izin verilmedi.

◆

*"İlimi canlı tutmaktan bahsediyorsun. Dünyada İlimi hayatta tutmak için kaç kişi gerekir? "*

Size bir sayı veremeyiz, ancak kendi kültürleriniz içinde bir ses üretecek kadar güçlü olmalıdır. Bu mesaj sadece birkaç kişi tarafından alınabiliyorsa, bu sese veya bu güce sahip olmayacaklardır. Burada bilgeliklerini paylaşmalılar. Tamamen kendi aydınlanmaları için olamaz. Birçoğunun bu mesajı öğrenmesi gerekir, bugün onu alabileceklerden çok daha fazla.

◆

*"Bu mesajı sunmada bir tehlike var mı?"*

Sadece dünyanızda değil başka yerlerde de gerçeği sunma konusunda her zaman bir tehlike vardır. İnsanlar şu anda olan koşullardan yararlanır. Ziyaretçiler iktidarda onları alabilen ve İlim konusunda güçlü olmayan kişilere avantaj sağlayacaklardır. İnsanlar bu avantajlara alıştılar ve hayatlarını kendileri üzerine inşa ettiler. Bu onları başkalarına hizmette sorumluluklarını gerektiren ve zenginliklerinin ve kazanımlarının temelini tehdit edebilecek gerçeğin sunumuna dirençli hatta düşmanca davranmaya yöneltir.

Bu yüzden saklandık ve dünyanıza girmiyoruz. Elbette ziyaretçiler bizi bulabilirlerse bizi yok ederler. Ancak insanlık, temsil ettiklerimizden, gösterdiğimiz zorluk ve yeni gerçeklikten dolayı bizi de yok etmeye çalışabilir. Herkes ihtiyaç duyulsa bile gerçeği almaya hazır değildir.

◆

*"İlim konusunda güçlü olan bireyler ziyaretçileri etkileyebilir mi?"*

Buradaki başarı şansı çok sınırlı. Bütün yaşamı ve tecrübesi kolektif bir zihniyet tarafından kapsanan ve onunla meşgul olan, uyumlu olmak için yetiştirilmiş olan bir kolektif topluluğu ile uğraşıyorsunuz. Kendileri için düşünmezler. Bu nedenle, onları etkileyebileceğinizi düşünmüyoruz. Bunu yapma gücüne sahip insan ailesi arasında çok az şey var ve burada bile başarı olasılığı çok sınırlı olacak. Bu yüzden cevap "Hayır" olmalı. Tüm pratik nedenler yüzünden, onları kazanamazsınız.

◆

*"Kolektifler birleşmiş bir insanlıktan ne kadar farklıdır?"*

Kolektifler, farklı ırklardan ve bu ırklara hizmet etmek için yetiştirilmiş olanlardan oluşur. Dünyada karşılaşılan varlıkların birçoğu hizmetçi olmak için kolektifler tarafından yetiştirilmektedir. Genetik mirasları onlar için uzun zamandır kaybolmuştur. Size hizmet etmek için hayvan yetiştirdiğiniz gibi, onlar hizmet etmek için yetiştirilirler. Teşvik ettiğimiz insani işbirliği, bireylerin kendi kaderini tayin etmesini koruyan ve insanlığın yalnızca kolektiflerle değil, gelecekte kıyılarınızı ziyaret edecek kişilerle etkileşime girebileceği bir güç sağlar. Bir kolektif, bir inanca, bir ilke setine ve bir otoriteye dayanır. Önem verdiği şey, bir fikre veya ideale tamamen bağlılıktır. Bu sadece ziyaretçilerinizin eğitiminde değil, genetik kodlarında da mevcuttur. Bu yüzden yaptıkları gibi davranıyorlar. Bu hem güçleri hem de güçsüzlükleridir. Zihinleri birleştiği için Zihinsel Çevrede büyük güçleri vardır. Fakat zayıflar çünkü kendileri için düşünemiyorlar. Karmaşıklıklarla veya sıkıntılarla çok başarılı bir şekilde başa çıkamazlar. İlim erkeği ya da kadını onlar için anlaşılmaz olacaktır.

İnsanlık özgürlüğünü korumak için birleşmeli, ama bu kolektifin yaratılmasından çok farklı bir kurum. Onlara "kolektif" diyoruz çünkü onlar farklı ırklardan ve milletlerden kolektifler. Kolektifler bir ırk değildir. Büyük Camia'da hâkim bir otorite tarafından yönetilen birçok ırk olmasına rağmen, kollektif, bir ırkın kendi dünyasına bağlılığının ötesine geçen bir organizasyondur.

Kolektiflerin büyük gücü olabilir. Ancak birçok kolektif olduğu için, birisinin baskın hale gelmesini önleyen, birbirleriyle rekabet etme eğilimindedirler. Ayrıca, Büyük Camia'daki çeşitli ulusların birbirleriyle uzun zamandır devam eden anlaşmazlıkları var ve köprü kurulması zor. Belki de aynı kaynaklar için uzun süredir rekabet etmişlerdir. Belki sahip oldukları kaynakları satmak için birbirleriyle rekabet ederler. Oysa kolektif, farklı bir konudur. Burada söylediğimiz gibi, bir ırka ve bir dünyaya dayanmıyor. Onlar fetih ve tahakkümün sonucudur. Bu nedenle ziyaretçileriniz farklı yetki ve emir seviyelerinde farklı varlık ırklarından oluşur.

◆

*"Başarılı bir şekilde birleşmiş olan diğer dünyalarda, bireysel düşünce özgürlüğünü korudular mı?"*

Değişen derecelerde. Bazıları çok yüksek derecede, bazıları ise daha az, tarihlerine, psikolojik yapılarına ve kendi hayatta kalma gereksinimlerine bağlı olarak daha az. Dünyadaki yaşamınız diğer ırkların geliştiği yere kıyasla nispeten kolaydır. Akıllı yaşamın olduğu yerlerin çoğu sömürgeleştirildi, çünkü kendiki gibi bu kadar çok biyolojik kaynak sağlayan pek çok karasal gezegen yok. Özgürlükleri, büyük ölçüde, çevrelerinin zenginliğine bağlıydı. Ancak hepsi yabancıların sızmasını engellemede başarılı olmuş ve kendi öz-kararlılıklarına dayanarak kendi ticaret, ticaret ve iletişim hatlarını oluşturmuşlardır. Bu nadir bir başarıdır ve kazanılmalı ve korunmalıdır.

◆

*"İnsan birliğini sağlamak için ne gerekiyor?"*

İnsanlık, Büyük Camia'da çok savunmasızdır. Bu zamandaki bu güvenlik açığı, insan ailesi arasında temel bir işbirliğini destekleyebilir, çünkü hayatta kalmak ve ilerlemek için birleşmelisiniz. Bu, Büyük Camia bilincine sahip olmanın bir parçasıdır. Bu, insan katkısı, özgürlük ve kendini ifade etme ilkelerine dayanıyorsa, kendi kendine yeterliliğiniz çok güçlü ve çok zengin olabilir. Fakat dünyada daha büyük bir işbirliği olmalı. İnsanlar kendileri için tek başına yaşayamazlar veya kendi kişisel hedeflerini başkalarının ihtiyaçlarının üstünde ve ötesine koyamazlar. Bazıları bunu bir özgürlük kaybı olarak görebilir. Biz bunu gelecekteki özgürlüğün garantisi olarak görüyoruz. Bugün dünyada geçerli olan mevcut tutumlar göz önüne alındığında, gelecekteki özgürlüğün güvenliğini sağlamak veya sürdürmek çok zor olacaktır. Dikkat edin. Kendi bencillikleri tarafından yönlendirilenler dış etki ve manipülasyon için mükemmel adaylardır. Eğer iktidar konumundalarsa, kendileri için avantaj elde etmek için milletlerinin servetlerini, milletlerinin özgürlüklerini ve milletlerinin kaynaklarını vereceklerdir.

Bu nedenle, büyük çapta işbirliği gereklidir. Elbette bunu görebilirsiniz. Elbette bu kendi dünyanızda bile belirgindir. Ancak bu, kollektifin hayatından, ırkların hâkim olduğu ve kontrol edildiği, uyumlu olanların Kolektiflere getirildiği ve yabancılaştırılmayan veya imha edilmeyen yerlerden çok farklıdır. Elbette böyle bir kuruluş, önemli bir etkiye sahip olmasına rağmen, üyeleri için faydalı olamaz. Ve yine de bu, Büyük Camia'daki birçok ırkın izlediği yoldur. İnsanlığın böyle bir organizasyona girdiğini görmek istemiyoruz. Bu büyük bir trajedi ve bir kayıp olur.

◆

*"İnsan bakış açısı sizinkinden nasıl farklı?"*

Farklılıklardan biri Büyük Camia perspektifi geliştirmiş olmamızdır, bu dünyaya daha az ben merkezli bir şekilde bakmaktır. Bu gündelik işlerinde karşılaştığınız daha küçük sorunlara büyük netlik kazandıran ve kesin bir kesinlik sağlayabilecek bir bakış açısıdır. Büyük bir problemi çözebilirseniz, daha küçük problemleri de çözebilirsiniz. Çok büyük bir probleminiz var. Dünyadaki her insan bu büyük sorunla karşı karşıya. Sizi birleştirebilir ve uzun süredir devam eden farklılıklarınızı ve çatışmalarınızı aşmanızı sağlayabilir. Bu harika ve bu güçlü. Bu nedenle, refahınızı ve geleceğinizi tehdit eden koşullar altında kurtulma imkânı olduğunu söylüyoruz.

Bireyin içindeki İlim gücünün, o bireyi ve tüm ilişkilerini daha yüksek bir başarı, tanınma ve yetenek seviyesine getirebileceğini biliyoruz. Bunu kendin için keşfetmelisin.

Hayatlarımız çok farklı. Farklılıklardan biri, yaşamlarımızın kendi seçimimiz olan hizmete verilmiş olmasıdır. Seçme özgürlüğümüz var ve bu nedenle seçimimiz gerçek ve anlamlı ve kendi anlayışımıza dayanıyor. Grubumuz arasında farklı dünyalardan temsilciler var. İnsanlığa hizmet etmek için bir araya geldik. Doğası daha manevi olan büyük bir ittifakı temsil ediyoruz.

◆

*"Bu mesaj bir adamdan geliyor. Bu kadar önemliyse neden*
*herkesle iletişim kurmuyorsunuz?"*

Bu sadece bir verimlilik meselesidir. Bizi almak için kimin
seçildiğini kontrol etmiyoruz. Bu, "Melekler" olarak doğru bir
şekilde adlandırabileceğiniz, Görünmeyenler için bir mesele.
Onları bu şekilde düşünüyoruz. Bu kişiyi seçtiler, dünyada hiçbir
yeri olmayan, dünyada tanınmayan, nitelikleri ve Büyük
Camia'daki mirası nedeniyle seçilmiş bir kişiyi seçtiler.
Konuşabileceğimiz biri olduğu için mutluyuz. Daha fazlası ile
konuşursak, belki birbirleriyle aynı fikirde olmazlardı ve mesaj
karışır ve kaybolurdu.

Kendi öğrenciliğimize göre, manevi bilgeliğin iletiminin
genellikle birisinin aracılığıyla başkalarının desteğiyle verildiğini
anlıyoruz. Bu birey, bu şekilde seçilme riskini, ağırlığını ve
yükünü taşımalıdır. Bunu yaptığı için ona saygı duyuyoruz ve ne
kadar yük olabileceğini anlıyoruz. Bu belki yanlış anlaşılacaktır
ve bu nedenle Bilgeler'in gizli kalması gerekir. Gizli kalmalıyız.
O da saklı kalmalı. Bu şekilde mesaj verilebilir ve mesajlaşma
korunabilir. Çünkü bu mesaja karşı düşmanlık olacak.
Ziyaretçiler buna karşı çıkacak ve şimdiden karşılar.
Muhalefetleri önemli olabilir ancak öncelikle elçinin kendisine
yönelik olacak. Bu nedenle habercinin korunması gerekir.

Bu soruların cevaplarının daha fazla soru üreteceğini
biliyoruz. Ve bunların çoğu, belki de uzun bir süre için bile
cevaplanamayacak. Bilge olanlar her yerde, henüz

cevaplayamadıkları sorularla yaşamak zorundadır. Gerçek cevapların ortaya çıkması, onları deneyimlemeleri ve somutlaştırmaları onların sabrı ve sebatları ile gerçekleşir.

* Bu sorular, İnsanlığın Müttefikleri'nin ilk okurlarının çoğu tarafından Yeni İlim Kütüphanesine gönderildi.

İnsanlık yeni bir başlangıçta. Ciddi bir durumla karşı karşıya. Yeni bir eğitim ve anlayış ihtiyacı her şeyden önemlidir. Görünmeyenlerin isteği üzerine bu ihtiyacı karşılamak için buradayız. Bilgeliğimizi paylaşmamız için bize güveniyorlar, çünkü biz sizin gibi fiziksel evrende yaşıyoruz. Biz meleksel varlıklar değiliz. Mükemmel değiliz. Ruhsal farkındalık ve başarı konusunda büyük başarılar elde etmedik. Ve bu nedenle size Büyük Camia hakkında güvendiğimiz mesajımızın, daha uygun ve daha kolay alınacağını söylüyor. Görünmeyenler, evrendeki yaşam hakkında ve mevcut olan ve birçok yerde uygulanan ilerleme ve başarı seviyeleri hakkında bizden çok daha fazla şey biliyor. Yine de bizden fiziksel yaşamın gerçekliği hakkında konuşmamızı istediler, çünkü biz orada tamamen meşgulüz. Ve sizinle paylaştıklarımızın önemini ve anlamın kendi denemelerimiz ve yanlışlarımız aracılığıyla öğrendik.

Böylece, biz İnsanlık Müttefikleri olarak geliyoruz, çünkü biz öyleyiz. Size yardım edebilecek ve sizi eğitebilecek ve gücünüzü, özgürlüğünüzü ve başarınızı destekleyebilecek müttefikleriniz olduğu için şükredin. Bu yardım olmadan şu an yaşadığınız yabancı sızma türü ile hayatta kalmanız olasılığı çok sınırlı olacaktır. Evet, durumu olduğu gibi anlayacak olan birkaç kişi olacaktır, ancak sayıları yeterince büyük olmayacaktı ve sesleri duyulmayacaktır.

Bu konuda yalnızca güveninizi isteyebiliriz. Umarız sözlerimizin bilgeliği ve fırsatlar aracılığıyla anlamlarını ve alakalarını öğrenmek zorundasınızdır, çünkü zaman içinde bu güveni kazanabileceğimizi, çünkü Büyük Camia'da müttefikleriniz var. Şu an karşı karşıya kaldığınız zorlukları yaşayan ve başarıya imza atan bu dünyanın ötesinde harika arkadaşlarınız var. Bizlere yardım edildiği için şimdi başkalarına yardım etmeliyiz. Bu bizim kutsal sözleşmemiz. Buna kesin olarak kararlıyız.

# ÇÖZÜM

◆

MÜDAHALENİN ÇÖZÜMÜ TEKNOLOJİ,
SİYASET VEYA ASKERİ GÜÇ İLE İLGİLİ DEĞİLDİR.

İnsan ruhunun yenilenmesi ile ilgilidir.

İnsanların Müdahalenin farkına varmaları ve ona karşı konuşmaları ile ilgilidir.

İnsanları gördüklerini ve bildiklerini ifade etmekten alıkoyan izolasyonu ve alayları sona erdirmekle ilgilidir.

Korku, kaçınma, fantezi ve aldatmanın üstesinden gelmekle ilgilidir.

İnsanların güçlenmesi, farkında olması ve güçlenmesi ile ilgilidir.

İnsanlığın Müttefikleri, Müdahaleyi tanımamıza ve etkilerini dengelememize olanak tanıyan kritik tavsiyelerde bulunur. Bunu yapmak için, Müttefikler bizi yerel zekamızı ve Büyük Camia'da özgür bir ırk olarak kaderimizi gerçekleştirme hakkımızı kullanmaya çağırıyorlar.

Şimdi başlama zamanıdır.

# DÜNYADA YENİ BIR
# UMUT VAR

Dünyadaki umut, İlim ile güçlenenler tarafından yeniden alevlenir. Umut kaybolabilir ve sonra yeniden alevlenebilir. İnsanların nasıl etkilendiğine ve kendileri için neyi seçtiklerine bağlı olarak gelip gidiyor gibi görünebilir. Umut size aittir. Görünmeyenlerin burada olması, umut olduğu anlamına gelmez, çünkü sensiz umut olmazdı. Siz ve sizin gibi diğerleri dünyaya yeni bir umut getiriyorsunuz çünkü İlim armağanını almayı öğreniyorsunuz. Bu dünyaya yeni bir umut getiriyor. Belki şu anda bunu tam olarak göremiyorsunuz. Belki de anlayışınızın ötesinde görünüyor. Ama daha geniş bir perspektiften bakıldığında, bu çok doğru ve çok önemli.

Dünyanın Büyük Camia'da ortaya çıkışı buna işaret ediyor, çünkü eğer kimse Büyük Camia için hazırlanmasaydı, o zaman umut yok olacakmış gibi görünürdü. Ve insanlığın kaderi son derece öngörülebilir görünürdü. Ama dünyada umut olduğu için, sizde ve sizin gibi daha büyük bir çağrıya cevap veren diğerlerinde umut olduğu için, insanlığın kaderi daha büyük vaatlere sahiptir ve insanlığın özgürlüğü pekâlâ güvence altına alınabilir.

◆

*İlime Giden Adımlar - Devam Eğitimi*

# Direnç
# ve
# Güçlendirme

◆

# DİRENÇ VE GÜÇLENDİRME:

## İletişim Etiği

◆

Müttefikler, her fırsatta bizi bugün dünyamızda meydana gelen dünya dışı Müdahaleyi ayırt etmede ve buna karşı çıkmada aktif bir rol almaya teşvik ediyor. Bu, bu dünyanın yerli insanları olarak haklarımızı ve önceliklerimizi ayırt etmeyi ve diğer varlık ırkları ile mevcut ve gelecekteki tüm temaslarımızla ilgili kendi Angajman Kurallarımızı oluşturmayı içerir.

Doğal dünyaya ve insanlık tarihine bakıldığında, bize müdahale derslerini fazlasıyla gösterir: kaynaklar için rekabet, doğanın ayrılmaz bir parçasıdır, bir kültürün diğerine müdahalesi her zaman kişisel çıkar için yapılır ve keşfedilen insanların kültürü ve özgürlüğüne karşı yıkıcı bir etkiye sahiptir ve eğer elinden geliyorsa, güçlü olanın her zaman zayıf olana hükmeder.

Dünyamızı ziyaret eden Dünya dışı ırklarının bu kuralın bir istisnası olabileceği düşünülebilirken, böyle bir istisnanın, insanlığa herhangi bir ziyaret teklifini değerlendirme hakkı vererek, şüphe gölgesinin ötesinde kanıtlanması gerekir. Bu kesinlikle gerçekleşmedi. Bunun yerine, insanlığın şimdiye kadarki Temas deneyiminde, bu dünyanın yerli halkının atlattığı gibi, otoritemize ve mülkiyet haklarımız engellendi. "Ziyaretçiler", insanlığın onayına veya bilgili katılımına bakmaksızın kendi gündemlerini takip ettiler.

Hem Müttefik Brifinglerinin hem de UFO / Dünya dışı varlıklar araştırmalarının çoğunun açıkça gösterdiği gibi, etik temas gerçekleşmiyor. Müttefiklerin yaptığı gibi, yabancı bir ırkın deneyimlerini ve bilgeliğini uzaktan bizimle paylaşması uygun olsa da, ırkların buraya davetsiz gelmeleri ve bize yardım kisvesi altında bile insan işlerine müdahale etmeye kalkışmaları uygun değildir. İnsanlığın şu anda genç bir ırk olarak gelişim düzeyi göz önüne alındığında, bunu yapmak etik değil.

İnsanlığın kendi Angajman Kurallarını veya her yerli ırkın kendi güvenliği ve emniyeti için tesis etmesi gereken sınırları belirleme fırsatı olmamıştır. Bunu yapmak insan birliğini ve işbirliğini geliştirmeye hizmet eder çünkü bunu başarmak için bir araya gelmemiz gerekir. Bu eylem, tek bir dünyayı paylaşan bir insan olduğumuzun, evrende yalnız olmadığımızın ve uzaya olan sınırlarımızın belirlenmesi ve korunması gerektiğinin farkında olmayı gerektirecektir. Trajik bir şekilde, bu gerekli gelişimsel süreç şimdi atlatılıyor.

Müttefik Brifinglerinin gönderilmesi, insanlığın Büyük Camia'daki yaşamın gerçeklerine hazırlanmasını teşvik etmektedir. Gerçekten, Müttefiklerin insanlığa mesajı, etik temasın gerçekte ne olduğunun bir göstergesidir. Büyük Camia'da geleceğimizi yönlendirmek için insan ailesinin ihtiyaç duyacağı özgürlüğü ve birliği teşvik ederken, yerel yeteneklerimize ve otoritemize saygı duyan, uygulamalı bir yaklaşımı sürdürüyorlar. Günümüzde pek çok insan, insanlığın gelecekte kendi ihtiyaçlarını ve zorluklarını karşılayacak güce ve bütünlüğe sahip olduğundan şüphe ederken,

Müttefikler, İlimin bu gücünün, yani İlimin manevi gücünün hepimizin içinde bulunduğunu ve onu kendi adımıza üzerimizde kullanmamız gerektiğini garanti eder.

İnsanlığın Büyük Camia'da ortaya çıkması için hazırlık yapıldı. Müttefikler Brifinglerinin dört seti ve Büyük Camia İlim Yolu kitapları her yerde okuyuculara sunulmuştur. www.alliesofhumanity.org/tr ve www.newmessage.org/tr adreslerinde görülebilirler. Birlikte Müdahaleyi dengelemek ve uzayın eşiğinde değişen bir dünyada geleceğimizle yüzleşmek için araçlar sağlarlar. Bu, bugün dünyadaki tek hazırlıktır. Müttefiklerin acil olarak talep ettiği hazırlık budur.

Müttefik Brifinglerine yanıt olarak, kendini adamış bir grup okuyucu, İnsan Egemenliği Bildirgesi adlı bir belge hazırladı. Birleşik Devletler Bağımsızlık Bildirgesi üzerine modellenen İnsan Egemenliği Bildirgesi, dünyanın yerli halkı olarak insan özgürlüğünü ve egemenliğini korumak için şimdi umutsuzca ihtiyaç duyduğumuz Temas Etiği'ni ve Angajman kurallarını belirlemeyi amaçlamaktadır. Bu dünyanın yerli halkı olarak, ziyaretin ne zaman ve nasıl gerçekleşeceğini ve dünyamıza kimlerin girebileceğini belirleme hakkına ve sorumluluğuna sahibiz. Evrendeki varlığımızın farkında olan ve Büyük Camia'da ortaya çıkan bir özgür insan ırkı olarak haklarımızı ve sorumluluklarımızı kullanma niyetinde olduğumuzun farkında olan tüm uluslar ve gruplar tarafından bilinmesine izin vermeliyiz. İnsan Egemenliği Bildirgesi bir başlangıçtır ve çevrimiçi olarak www.humansovereignty.org adresinden okunabilir.

# DİRENÇ VE GÜÇLENDİRME:

## Harekete Geçme – Neler Yapabilirsiniz

◆

Müttefikler bizden dünyamızın refahı için bir tavır almamızı ve özünde İnsanlığın Müttefikleri olmamızı istiyor. Yine de gerçek olmak için, bu bağlılık vicdanımızdan, kendimizin en derin kısmından gelmelidir. Müdahaleyi dengelemek ve kendinizi ve çevrenizdekileri güçlendirerek olumlu bir güç haline gelmek için yapabileceğiniz birçok şey var.

Bazı okuyucular, Müttefiklerin materyallerini okuduktan sonra umutsuzluk duygularını dile getirdiler. Eğer deneyiminiz buysa, Müdahalenin niyetinin sizi, onların mevcudiyeti karşısında kabul edici ve umutlu veya çaresiz ve aciz hissetmeniz için etkileme niyetinin olduğunu hatırlamak önemlidir. Bu kadar ikna edilmeye izin vermeyin. Harekete geçerek gücünü bulursunuz. Gerçekten ne yapabilirsiniz? Yapabileceğiniz çok şey var.

◆

### Kendinizi eğitin.

Hazırlık bilinç ve eğitimle başlamalıdır. Neyle uğraştığınız konusunda bir anlayışa sahip olmalısınız. Kendinizi UFO / Dünya

Dışı Varlıklar fenomeni hakkında eğitin. Mevcut olan gezegen bilimi ve astrobiyolojinin en son keşifleri hakkında kendinizi eğitin.

##### TAVSİYE EDİLEN OKUMALAR

- Ek'teki "Ek Kaynaklar" a bakın

◆

## Pasifikasyon Programının etkisine direnin.

Pasifikasyon Programına direnin. Kendi İliminize kayıtsız ve tepkisiz olma etkisine direnin. Müdahaleye farkındalık, savunuculuk ve anlayış yoluyla direnin. İnsan işbirliğini, birliğini ve bütünlüğünü teşvik edin.

##### TAVSİYE EDİLEN OKUMALAR

- Büyük Camia Maneviyatı, Bölüm 6: "Büyük Camia Nedir?" ve Bölüm 11: "Hazırlıklarınız Ne İçin?"
- İlim Yolunu Yaşamak, Bölüm 1: "Gelişmekte Olan Bir Dünyada Yaşamak"

◆

## Zihinsel çevrenin farkında olun.

Zihinsel çevre, içinde yaşadığımız düşünce ve etki ortamıdır. Düşüncelerimiz, duygularımız ve eylemlerimiz üzerindeki etkisi, fiziksel çevrenin etkisinden bile daha büyüktür. Zihinsel çevre artık Müdahale tarafından nüfuz ediliyor ve etkileniyor. Aynı zamanda çevremizdeki hükümet ve ticari çıkarlardan da etkileniyor. Zihinsel çevrenin farkında olmak, özgürce ve net bir şekilde düşünme özgürlüğünüzü sürdürmek için çok önemlidir. Atabileceğiniz ilk adım, dışarıdan aldığınız girdilerle düşüncelerinizi ve kararlarınızı kimin ve neyin etkilediğini bilinçli olarak seçmektir. Buna medya, kitaplar ve ikna edici arkadaşlar, aile ve otorite figürleri dahildir. Kendi yönergelerinizi belirleyin ve başkalarının ve hatta genel olarak kültürün size ne söylediğini ayırt etme ve nesnellikle nasıl net bir şekilde belirleyeceğinizi öğrenin. Her birimiz, içinde yaşadığımız zihinsel ortamı korumak ve iyileştirmek için bu etkileri bilinçli olarak ayırt etmeyi öğrenmeliyiz.

### TAVSİYE EDİLEN OKUMALAR

- Büyük Camiadan Bilgelik Cilt II, Bölüm 12: "Kendini İfade ve Zihinsel Çevre" ve Bölüm 15: "Büyük Topluluğa Tepki Vermek"

◆

## Büyük Camia İlim Yolunu Öğrenin.

Büyük Camianın İlim Yolunu Öğrenmek, sizi tüm yaşamın Yaratıcısının içinize yerleştirdiği daha derin ruhsal zihin ile doğrudan temasa geçirir. Aklımızın ötesindeki bu daha derin aklın seviyesinde, İlim düzeyinde, herhangi bir dünyevi veya Büyük Camia gücünün müdahalesi ve manipülasyonuna karşı güvendesiniz. Bilgi aynı zamanda bu zamanda dünyaya gelmek için daha büyük ruhsal amacınız için de geçerlidir. Maneviyatınızın tam merkezidir. Büyük Camia İlim Yöntemi'deki yolculuğunuza, www.newmessage.org/tr adresinde çevrimiçi olarak İlime Giden Adımlar çalışmasına başlayarak başlayabilirsiniz.

### TAVSİYE EDİLEN OKUMALAR

- Büyük Camia Maneviyatı, Bölüm 4: "İlim Nedir?"
- İlim Yolunu Yaşamak: Tüm bölümler
- İlime Giden Adımların İncelenmesi: İçsel Bilmenin Kitabı

◆

## Bir Müttefik okuma grubu oluşturun.

Müttefiklerin materyallerinin derinlemesine değerlendirilebileceği olumlu bir ortam yaratmak için diğerleriyle bir Müttefik okuma Grubu oluşturmak üzere katılın. İnsanların Müttefiklerin Brifinglerini ve Büyük Camia İlim Yöntemi kitaplarını destekleyici bir grup ortamında başkalarıyla yüksek sesle okuduklarında ve ilerledikçe soru ve öngörülerini paylaşmada özgür olduklarında, materyale ilişkin anlayışlarının önemli ölçüde arttığını gördük. Bu, farkındalığınızı paylaşan ve Müdahale hakkındaki gerçeği bilme arzusunu paylaşan başkalarını bulmaya başlamanın bir yoludur. Sadece bir kişiyle başlayabilirsiniz.

#### TAVSİYE EDİLEN OKUMALAR

- Büyük Camia'dan Bilgelik Cilt II , Bölüm 10: "Büyük Toplum Ziyaretleri", Bölüm 15: "Büyük Topluluğa Cevap Verme", Bölüm 17: "Ziyaretçilerin İnsanlık Algıları" ve Bölüm 28: "Büyük Topluluk gerçekleri"
- İnsanlığın Müttefikleri İkinci Kitap: Tüm bölümler.

◆

## Doğayı koruyun ve muhafaza edin.

Her geçen gün doğal çevremizi koruma, koruma ve eski haline getirme ihtiyacı hakkında daha fazla şey öğreniyoruz. Müdahale olmasa bile, bu yine de bir öncelik olacaktır. Yine de Müttefiklerin mesajı, dünyamızın doğal kaynaklarının sürdürülebilir kullanımını yaratma ihtiyacına yeni bir ivme ve yeni bir anlayış kazandırıyor. Nasıl yaşadığınızın ve ne tükettiğinizin bilincinde olun ve çevreyi desteklemek için neler yapabileceğinizi bulun. Müttefiklerin vurguladığı gibi, bir ırk olarak kendi kendine yeterliliğimiz, özgürlüğümüzü ve zeki yaşamın büyük bir Topluluğu içinde ilerlememizi korumak için gerekli olacaktır.

TAVSİYE EDİLEN OKUMALAR

- Büyük Camia'den Bilgelik Cilt I , Bölüm 14: "Dünya Evrimi"
- Büyük Camia'dan Bilgelik Cilt II , Bölüm 25: "Ortamlar"

◆

## İnsanlığın Müttefikleri Brifingleri hakkındaki mesajı yayın.

Müttefiklerin mesajını başkalarıyla paylaşmanız, aşağıdaki nedenlerden dolayı hayati önem taşır:

— Dünya dışı Müdahalenin gerçekliğini ve hayaletini çevreleyen uyuşturan sessizliği kırmaya yardımcı oluyorsunuz.

— İnsanların bu büyük zorluk hakkında birbirleriyle bağlantı kurmasını engelleyen izolasyonu yıkmaya yardımcı oluyorsunuz.

— Pasifleştirme Programının etkisi altına girenleri uyandırıp, onlara bu fenomenin anlamını yeniden değerlendirmek için kendi zihinlerini kullanma şansı veriyorsunuz.

— Kendi içinizde ve başkalarında, zamanımızın büyük meydan okumasıyla başa çıkmada ne korkuya ne de kaçınmaya teslim olmama kararlılığını güçlendiriyorsunuz.

— Başkalarının Müdahaleyle ilgili kendi içgörülerine ve Bilgilerine onay getirirsiniz.

— Müdahaleyi engelleyebilecek direnişi oluşturmaya ve insanlığa kendi Angajman kurallarımızı oluşturmak için birliği ve gücü verebilecek yetkiyi teşvik etmeye yardımcı oluyorsunuz.

İŞTE BUGÜN ATABİLECEĞİNİZ SAĞLAM ADIMLAR:

— Bu kitabı ve mesajını başkalarıyla paylaşın. İlk briefing setinin tamamı artık ücretsiz olarak Müttefiklerin web sitesinde okunabilir ve indirilebilir: www.alliesofhumanity.org/tr.

— İnsan Egemenliği Bildirisini okuyun ve bu değerli belgeyi başkalarıyla paylaşın. Çevrimiçi olarak okunabilir ve www.humansovereignty.org adresinden basılabilir.

— Yerel kitabevinizi ve kütüphanenizi, İnsanlığın Müttefikleri'nin her cildini ve Marshall Vian Summers'ın diğer kitaplarını taşıması için teşvik edin. Bu, diğer okuyucular için materyale erişimi artırır.

— Müttefiklerin materyallerini ve perspektifini mevcut çevrimiçi forumlarda ve uygun olduğunda tartışma gruplarında paylaşın.

— İlgili konferanslara ve toplantılara katılın ve Müttefiklerin bakış açısını paylaşın.

— Müttefik İnsanlık Brifinglerini tercüme edin. Çok dilli iseniz, lütfen Brifingleri dünya çapında daha fazla okuyucuya ulaştırmak için tercüme etmeye yardım etmeyi düşünün.

— Bu mesajı başkalarıyla paylaşmanıza yardımcı olabilecek materyaller içeren ücretsiz bir Müttefik savunuculuk paketi almak için Yeni İlim Kütüphanesi ile iletişime geçin.

◆

Bu kesinlikle tam bir liste değildir. Bu sadece bir başlangıçtır. Kendi hayatınıza bakın ve orada hangi fırsatl arın olabileceğini görün ve bu konudaki kendi İlminize ve içgörülerinize açık olun. Yukarıda sıralanan şeyleri yapmanın yanı sıra, insanlar Müttefiklerin mesajını sanat yoluyla, müzik yoluyla, şiir yoluyla ifade etmenin yaratıcı yollarını zaten buldular. Keni yolunuzu bulun.

# MARSHALL VİAN
# SUMMERS'IN MESAJI

◆

$2$5 yıldır dini bir deneyime dalmış durumdayım. Bu, evrendeki zeki yaşamın daha geniş bir panoraması içinde insan maneviyatının doğası ve insanlığın kaderi hakkında çok sayıda yazı almamla sonuçlandı. The Greater Community Way of Knowledge (Büyük Camia İlim Yolu) öğretisinin kapsamına giren bu yazılar, evrenimiz olduğunu bildiğimiz geniş uzay ve zaman genişliğini ve Büyük Camia'daki Tanrı'nın varlığını açıklayan teolojik bir çerçeve içerir.

Aldığım kozmoloji birçok mesaj içeriyor, bunlardan biri insanlığın zeki bir yaşamın Büyük Camia'sına girdiği ve bunun için hazırlanmamız gerektiği. Bu mesajın özünde, insanlığın evrende yalnız olmadığı, hatta kendi dünyamızda tek başına olmadığı ve bu Büyük Camia'da insanlığın arkadaşları, rakipleri ve düşmanları olacağı anlayışı vardır.

Bu daha büyük gerçeklik, 1997'de Müttefikler Brifinglerinin ilk setinin ani ve beklenmedik aktarımıyla çarpıcı bir şekilde doğrulandı. Üç yıl önce, 1994'te, *Büyük Toplum Maneviyatı* kitabımda Müttefik Brifinglerini anlamak için teolojik çerçeve almıştım: *Yeni Bir Vahiy*. Bu noktada, ruhani çalışmalarımın ve yazılarımın bir sonucu olarak, insanlığın evrende ırkımızın refahı ve gelecekteki özgürlüğü ile ilgilenen müttefikleri olduğu benim için biliniyordu.

Bana açığa çıkan büyüyen kozmolojinin içinde, evrendeki akıllı yaşam tarihinde, etik açıdan gelişmiş ırkların, o genç ırkın işlerine doğrudan müdahale veya müdahale olmaksızın, bizimki gibi yeni ortaya çıkan genç ırklara bilgeliklerini miras bırakma yükümlülüğü olduğu ve bu mirasın gerçekleşmesi gerektiği anlayışı var. Buradaki amaç müdahale etmek değil, bilgilendirmektir. Bu "bilgeliğin aktarılması", ortaya çıkan ırklarla temas ve bunun nasıl yapılması gerektiğine ilişkin uzun süredir var olan etik bir çerçeveyi temsil eder. Müttefikler Brifinglerinin iki seti, bu müdahale etmeme ve etik Temas modelinin açık bir göstergesidir. Bu model yol gösterici bir ışık ve diğer ırkların bizimle iletişime geçme veya dünyamızı ziyaret etme girişimlerinde tutmalarını beklememiz gereken bir standart olmalıdır. Yine de bu etik Temas gösterisi, bugün dünyada meydana gelen Müdahale ile tam bir tezat oluşturuyor.

Aşırı savunmasız bir konuma geçiyoruz. Kaynak tükenmesi, çevresel bozulma ve her geçen gün büyüyen insan ailesinin daha fazla parçalanma riskiyle birlikte, Müdahale için olgunlaştık. Kıyılarımızın ötesindeki başkaları tarafından aranan zengin ve değerli bir dünyada görünür bir izolasyon içinde yaşıyoruz. Dikkatimiz dağılmış ve bölünmüş durumdayız ve sınırlarımıza müdahale eden büyük tehlikeyi görmüyoruz. Müdahaleyle ilk kez karşılaşan izole yerli halkların kaderi konusunda tarihin defalarca tekrarladığı bir olgudur. Evrendeki zeki yaşamın güçleri ve yararları hakkındaki varsayımlarımızda gerçekçi değiliz. Ve şimdi kendi dünyamızda kendimiz için yarattığımız durumu değerlendirmeye yeni başlıyoruz.

Popüler olmayan gerçek, insan ailesinin doğrudan bir Temas deneyimine hazır olmadığı ve kesinlikle bir müdahaleye hazır olmadığıdır. Önce kendi evimizi düzene sokmalıyız. Büyük Camia'daki diğer ırklarla birlik, güç ve muhakeme konumundan ilişki kuracak bir ırk olgunluğuna henüz sahip değiliz. Ve biz böyle bir konuma ulaşana kadar, eğer yapabilirsek, o zaman hiçbir ırk dünyamıza doğrudan müdahale etmeye çalışmamalıdır. Müttefikler bize çok ihtiyaç duyulan bilgeliği ve perspektifi sağlıyorlar, ancak yine de müdahale etmiyorlar. Bize kaderimizin kendi elimizde olduğunu ve olması gerektiğini söylüyorlar. Evrendeki özgürlüğün zorunluluğu budur.

Hazır olmamızdan bağımsız olarak, Müdahale gerçekleşiyor. İnsanlık, insanlık tarihinin en önemli eşiğine şimdi hazırlanmalıdır. Bu fenomenin sıradan tanıkları olmaktan ziyade, tam da merkezindeyiz. Farkında olsak da olmasak da oluyor. İnsanlık için sonucu değiştirme gücüne sahiptir. Ve bunun kim olduğumuzla ve bu zamanda dünyada neden burada olduğumuzla ilgili çok alakası var.

Büyük Camia İlim Yolu, bu büyük eşiği aşmak, insan ruhunu yenilemek ve insan ailesi için yeni bir yol belirlemek için şimdi ihtiyacımız olan öğretimi ve hazırlığı sağlamak için verilmiştir. İnsan birliği ve işbirliğine acil ihtiyaçtan bahsediyor; İlmin önceliği, manevi zekamız; ve şimdi uzayın eşiğinde üstlenmemiz gereken daha büyük sorumluluklar. O tüm yaşamın Yaratıcısından Yeni Bir Mesajı temsil eder.

Benim görevim, bu daha büyük kozmolojiyi ve hazırlığı dünyaya getirmek ve onunla birlikte mücadele eden bir insanlık için yeni bir umut ve vaat sağlamaktır. Uzun hazırlığım ve Büyük Camia İlim Yolu'ndaki muazzam öğreti bu amaç için burada. İnsanlığın Müttefikleri Brifingleri, bu büyük mesajın sadece küçük bir parçası.

Artık bitmeyen çatışmalarımıza son vermenin ve Büyük Camia'da yaşama hazırlanmanın zamanı geldi. Bunu yapmak için, kendimizi tek bir insan olarak - bu dünyanın yerli halkı, tek bir maneviyattan doğmuş - ve evrende genç, yükselen bir ırk olarak savunmasız konumumuz hakkında yeni bir anlayışa ihtiyacımız var. Bu benim insanlığa mesajım ve bu yüzden geldim.

Marshall Vian Summers

2008

# Ek

◆

# TERİMLERİN TANIMI

◆

İNSANLIĞIN MÜTTEFİKLERİ: Güneş sistemimizde dünyamızın çevresinde gizlenmiş olan Büyük Camia'dan küçük bir fiziksel varlık grubu. Görevleri, yabancı ziyaretçilerin faaliyetlerini ve bugün dünyadaki müdahaleleri gözlemlemek, raporlamak ve bize tavsiyelerde bulunmaktır. Birçok dünyada bilge olanları temsil ederler.

ZİYARETÇİLER: Büyük Camia'dan, insan ilişkilerine aktif olarak müdahale eden, bizim iznimiz olmadan dünyamızı "ziyaret eden" diğer birkaç yabancı ırk. Ziyaretçiler, dünyanın kaynaklarının ve insanlarının kontrolünü ele geçirmek amacıyla kendilerini insan yaşamının dokusuna ve ruhuna entegre etmek için uzun bir sürece dahil olurlar.

MÜDAHALE: Yabancı ziyaretçilerin dünyadaki varlığı, amacı ve faaliyetleri.

PASİFLEŞTİRME PROGRAMI: Ziyaretçilerin ikna ve etkileme programı, insanlığı pasif ve uyumlu hale getirmek için insanların Müdahale konusundaki farkındalığını ve anlayışını etkisiz hale getirmeyi amaçlamaktadır.

BÜYÜK CAMİA: Uzay. Sayısız tezahürde zeki yaşam içeren insanlığın ortaya çıktığı engin fiziksel ve ruhsal evren.

GÖRÜNMEYENLER: Büyük Camia'da hissedebilen varlıkların ruhsal gelişimini denetleyen Yaratıcının Melekleri. Müttefikler onlara "Görünmeyenler" diyor.

İNSAN KADERİ: İnsanlık, Büyük Camia'da ortaya çıkmaya mahkumdur. Bu bizim evrimimizdir.

KOLEKTİFLER: Ortak bir bağlılıkla birbirine bağlanan birkaç yabancı ırktan oluşan karmaşık hiyerarşik örgütler. Bugün dünyada yabancı ziyaretçilerin ait olduğu birden fazla kolektif mevcut var. Bu kolektiflerin birbiriyle rekabet eden gündemleri var.

ZİHİNSEL ÇEVRE: Düşünce ve zihinsel etki ortamı.

İLİM: Her insanın içinde yaşayan manevi zeka. Bildiğimiz her şeyin kaynağı. İçsel anlayış. Ebedi bilgelik. Etkilenemeyen, manipüle edilemeyen veya bozulamayan zamansız yanımız. Tüm akıllı yaşamda bir potansiyel. İlim sizin içinizdeki Tanrı'dır ve Tanrı evrendeki tüm İlimdir.

İÇGÖRÜ YOLLARI: Büyük Camia'daki birçok dünyada öğretilen İlim Yolundaki çeşitli öğretiler.

BÜYÜK CAMİA İLİM YOLU: Büyük Camia'da pek çok yerde uygulanan, Yaratıcı'dan gelen ruhani bir öğretidir. İlimin nasıl deneyimleneceğini ve ifade edileceğini ve evrende bireysel özgürlüğün nasıl korunacağını öğretir. Bu öğreti, insanlığı Büyük Camia'daki yaşamın gerçeklerine hazırlamak için buraya gönderildi.

# İNSANLIĞIN MÜTTEFİKLERİ İLE İLGİLİ YORUMLAR

$\diamondsuit$

The Allies of Humanity'den çok etkilendim... Çünkü mesaj doğru geliyor. Radar kontakları, yer efektleri, video kaset ve tüm UFO'ların gerçek olduğunu kanıtlıyor. Şimdi gerçek soruyu düşünmeliyiz: onları kullananların gündemi. İnsanlığın Müttefikleri bizi zorla bu konuyla yüzleştirir ve bunun insanlığın geleceğin geleceği için kritik olduğunu kanıtlayabilir.

JIMM MARS
Uzaylıların Gündemi ve
Gizli İktidarları kitabının yazarı

Hem durugörü hem de ufoloji / dünya dışı bilim üzerinde çalışarak geçirilen on yılların ışığında, hem bir kanal olarak Summers'a hem de bu kitapta bildirilen kaynaklarından gelen mesajlara çok olumlu bir yanıt veriyorum. Bir insan, bir ruh ve gerçek bir medyum olarak bütünlüğünden derinden etkilendim. Hem Summers hem de kaynakları, mesajlarında ve tavırlarında, bana ikna edici bir şekilde, bu kadar çok insan ve hatta artık dünya dışı hizmetten kendine yönelim karşısında gerçek bir hizmet-ötekileştirme gösteriyorlar. Ciddi ve uyarıcı bir tonda olsa da, bu kitabın mesajı Büyük Camia'ya katılırken türümüzü bekleyen harikalar vaadiyle ruhumu canlandırıyor. Süreçte bu daha Büyük Camia'nın bazı üyeleri tarafından gereksiz yere manipüle edilmediğimizden veya sömürülmediğimizden emin olmak için aynı zamanda Yaratıcımızla doğuştan hakkımız olan ilişkimizi bulmalı ve bunlara erişmeliyiz.

JOHN KLIMO
Kanallama: Paranormal
Kaynaklardan
Bilgi Almaya İlişkin Araştırmalar
kitabının yazarı

30 yıldır UFO / Uzaylı Kaçırma fenomenini incelemek, dev bir yapboz bulmacasını bir araya getirmek gibiydi. Sonunda kitabınız bana kalan parçaları yerleştirmek için bir çerçeve verdi.

ERICK SCHWARTZ
LCSW, Kalifornia

Evrende bedava yemek mi var? İnsanlığın Müttefikleri bize en güçlü şekilde bunu hatırlatıyor, elbetteki yok.

ELAINE DOUGLASS
MUFON Direktörü, Utah

Müttefikler, dünyadaki İspanyolca konuşan nüfus arasında büyük bir yankıya sahip olacaklar. Bunu temin ederim! Pek çok insan, sadece benim ülkemde değil, kültürlerini koruma hakları için savaşıyor! Kitaplarınız sadece bize anlatmaya çalıştıkları şeyleri çok uzun zamandır pek çok şekilde doğruluyor.

INGRID CABRERA, Meksika

Bu kitap içimde derin bir yankı uyandırdı. Bana göre [İnsanlığın Müttefikleri] çığır açan bir şey değil. Bu kitabı ortaya çıkaran insan ve diğer güçleri onurlandırıyorum ve acil uyarısının dikkate alınması için dua ediyorum.

RAYMOND CHONG, Singapur

Müttefiklerin materyallerinin çoğu öğrendiklerimle bir yankı uyandırıyor ve içgüdüsel olarak doğru olduğunu düşünüyorum.

TIMOTHY GOOD İngiliz
UFO araştırmacısı Çok Gizli ve
Doğaüstü İfşanın Ötesinde
kitabının yazarı

# İLERİ ÇALIŞMA

◆

*I*NSANLIĞIN MÜTTEFİKLERİ, bugün dünyadaki dünya dışı varlığın gerçekliği, doğası ve amacı hakkındaki temel soruları ele alıyor. Ancak bu kitap, daha ileri çalışmalarla araştırılması gereken daha birçok soruyu gündeme getiriyor. Bu nedenle, daha fazla farkındalık ve eylem çağrısı için bir katalizör görevi görür.

Daha fazlasını öğrenmek için, okuyucunun ayrı ayrı veya birlikte takip edebileceği iki parça vardır. İlk parça, son kırk yılda birçok farklı bakış açısını temsil eden araştırmacılar tarafından geniş çapta belgelenen UFO / ET fenomeni üzerine yapılan çalışmadır. İlerleyen sayfalarda, özellikle Müttefiklerin materyaliyle ilgili olduğunu düşündüğümüz bu konuyla ilgili bazı önemli kaynakları listeledik. Tüm okuyucuları bu fenomen hakkında daha fazla bilgi almaya teşvik ediyoruz.

İkinci parça, fenomenin manevi sonuçlarını ve hazırlamak için kişisel olarak neler yapabileceğinizi keşfetmek isteyen okuyucular içindir. Bunun için, ilerleyen sayfalarda listelenen MV Summers yazılarını tavsiye ediyoruz.

İnsanlığın Müttefikleri ile ilgili yeni malzemeler hakkında bilgi sahibi olmak için lütfen Müttefiklerin web sitesini ziyaret edin: www.alliesofhumanity.org/tr. The Greater Community Way of Knowledge hakkında daha fazla bilgi için lütfen www.newmessage.org/tr adresini ziyaret edin.

# EK KAYNAKLAR

◆

A şağıda UFO / ET fenomeni konusundaki kaynakların bir ön listesi bulunmaktadır. Konuyla ilgili kapsamlı bir bibliyografya olması amaçlanmamıştır, sadece bir başlangıç noktasıdır. Olgunun gerçekliğine ilişkin araştırmanız başladıktan sonra, hem bu kaynaklardan hem de diğer kaynaklardan keşfedebileceğiniz daha fazla malzeme olacaktır. Ayırt etme her zaman tavsiye edilir.

## KİTAPLAR

Berliner, Don: UFO Briefing Document, Dell Publishing, 1995.

Bryan, C.D.B.: Close Encounters of the Fourth Kind: Alien Abduction, UFOs and the Conference at MIT, Penguin, 1996.

Dolan, Richard: UFOs and the National Security State: Chronology of a Coverup, 1941-1973, Hampton Roads Publishing, 2002.

Fowler, Raymond E.: The Allagash Abductions: Undeniable Evidence of Alien Intervention, 2nd Edition, Granite Publishing, LLC, 2005.

Good, Timothy: Unearthly Disclosure, Arrow Books, 2001.

Grinspoon, David: Lonely Planets: The Natural Philosophy of Alien Life, Harper Collins Publishers, 2003.

Hopkins, Budd: Missing Time, Ballantine Books, 1988.

Howe, Linda Moulton: An Alien Harvest, LMH Productions, 1989.

Jacobs, David: The Threat: What the Aliens Really Want, Simon & Schuster, 1998.

Mack, John E.: Abduction: Human Encounters with Aliens, Charles Scribner's Sons, 1994.

Marrs, Jim: Alien Agenda: Investigating the Extraterrestrial Presence Among Us, Harper Collins, 1997.

Sauder, Richard: Underwater and Underground Bases, Adventures Unlimited Press, 2001.

Turner, Karla: Taken: Inside the Alien-Human Abduction Agenda, Berkeley Books, 1992.

**DVDler**

The Alien Agenda and the Ethics of Contact with Marshall Vian Summers, MUFON Symposium, 2006. Available through New Knowledge Library.

The ET Intervention and Control in the Mental Environment, with Marshall Vian Summers, Conspiracy Con, 2007. Available through New Knowledge Library.

Out of the Blue: The Definitive Investigation of the UFO Phenomenon, Hanover House, 2007.

## İnternet Siteleri

www.humansovereignty.org

www.alliesofhumanity.org/tr

www.newmessage.org/tr

# TANRI'DAN GELEN YENİ MESAJ
# KİTAPLARINDAN ALINTILAR

◆

"Bu tek dünyada sadece bir insan değilsin. Siz Büyük Dünyalar Topluluğu'nun vatandaşısınız. Bu, duyularınız aracılığıyla tanıdığınız fiziksel evrendir. Şu anda kavrayabileceğinizden çok daha büyüktür ... Siz daha büyük bir fiziksel evrenin vatandaşısınız. Bu, yalnızca Soyunuzu ve Mirasınızı değil, aynı zamanda şu anda yaşamdaki amacınızı da onaylar, çünkü insanlık dünyası, Büyük Camia dünyalarının yaşamına doğru büyüyor. İnançlarınız henüz hesaba katmasa da, bu sizin tarafınızdan biliniyor. "

— İlime Giden Adımlar:
Adım 187: Ben Büyük Dünyalar
Topluluğu vatandaşıyım

"Dünyaya büyük bir dönüm noktasında geldiniz, sadece bir kısmınızın kendi yaşamında göreceği bir dönüm noktası. Dünyanızın çevresindeki dünyalarla temas kurduğu bir dönüm noktasıdır. Bu, tüm dünyalardaki tüm zeki yaşamın doğal evrimi olduğu için insanlığın doğal evrimidir. "

— Bilgiye Giden Adımlar:
Adım 190: Dünya, dünyaların Büyük
Camia'sına yükseliyor
ve bu yüzden geldim

"Bu dünyanın ötesinde harika arkadaşların var. İnsanlığın Büyük Camia'ya girmeye çalışmasının nedeni budur çünkü Büyük Camia, daha geniş bir yelpazede gerçek ilişkilerini temsil eder. Dünyanın ötesinde gerçek arkadaşlarınız var çünkü dünyada yalnız değilsiniz ve Büyük Dünyalar Camia'da yalnız değilsiniz. Bu dünyanın ötesinde arkadaşlarınız var çünkü Manevi Ailenizin her yerde temsilcileri var. Bu dünyanın ötesinde arkadaşlarınız var çünkü sadece dünyanızın evrimi üzerinde değil, aynı zamanda evrenin evrimi üzerinde de çalışıyorsunuz. Hayal gücünüzün ötesinde, kavramsal yeteneklerinizin ötesinde, bu kesinlikle doğru. "

— İlime Giden Adımlar:
Adım 211: Bu dünyanın ötesinde harika
arkadaşlarım var.

"Umutla tepki verme. Korkuyla tepki vermeyin. İlimle Yanıt Verin. "

— Büyük Camia'dan Bilgelik Cilt II
Bölüm 10: Büyük Camia Ziyaretleri

"Bu neden oluyor?" Bilim buna cevap veremez. Akıl buna cevap veremez. Hüsnükuruntu buna cevap veremez. Korkunç kendini koruma buna cevap veremez. Buna ne cevap verebilir?

Bu soruyu farklı bir akılla sormalı, farklı gözlerle görmeli ve burada farklı bir deneyim yaşamalısınız. "

— Büyük Camia'dan Bilgelik Cilt II
Bölüm 10: Büyük Camia Ziyaretleri

"Şimdi Büyük Camia'da Tanrı'yı düşünmelisiniz - bir insan Tanrısı değil, yazılı tarihinizin bir Tanrısı değil, sınavlarınızın ve sıkıntılarınızın Tanrısı değil, her zaman için, tüm ırklar için, tüm boyutlar için bir Tanrı ilkel olanlar ve ileri olanlar için, sizin gibi düşünenler ve çok farklı düşünenler için, inananlar için ve inancın açıklanamaz olduğu için. Bu, Büyük Camia'daki Tanrı'dır. Ve işte başlaman gereken yer burası. "

— Büyük Camia Maneviyatı
Bölüm 1: Tanrı nedir?

"Dünyada sana ihtiyaç var. Hazırlanma zamanı. Odaklanma ve kararlı olma zamanı. Bundan kaçış yok, çünkü sadece İlim Yolu'nda geliştirilenler gelecekte kabiliyete sahip olacak ve Büyük Camia'dan giderek daha fazla etkilenecek bir zihinsel ortamda özgürlüklerini koruyabilecekler. "

— İlim Yolunu Yaşamak:
Bölüm 6: Manevi Gelişimin Sütunu

"Burada kahraman yok. İbadet edecek kimse yok. İnşa edilecek bir vakıf var. Yapılacak iş var. Yapılması gereken bir hazırlık var. Ve hizmet edecek bir dünya var. "

— İlim Yolunu Yaşamak:
Bölüm 6: Manevi Gelişimin Sütunu

"Büyük Camia Bilgi Yolu bilinmediği dünyaya sunuluyor. Burada hiçbir geçmişi ve geçmişi yok. İnsanlar buna alışkın değil. Onların fikirlerine, inançlarına veya beklentilerine mutlaka uymaz. Dünyanın mevcut dini anlayışına uymuyor. Çıplak bir biçimde gelir - ritüel ve gösteri olmadan, zenginlik ve fazlalık olmadan. Tamamen ve basitçe gelir. Dünyadaki bir çocuk gibidir. Görünüşe göre savunmasız ve yine de Daha Büyük Bir Gerçekliği ve insanlık için daha büyük bir vaadi temsil ediyor. "

— Büyük Camia Maneviyatı:
Bölüm 22: İlim nerede bulunabilir?

"Büyük Camia'da sizden daha güçlü olanlar var. Sizi alt edebilirler, ancak bakmıyorsanız. Zihninizi etkileyebilirler, ancak İlim ile iseniz onu kontrol edemezler. "

— İlim Yolunu Yaşamak:
Bölüm 10: Dünyada Mevcut Olmak

"İnsanlık çok büyük bir evde yaşıyor. Evin bir kısmı yanıyor. Ve diğerleri, yangının kendi çıkarları için nasıl söndürülebileceğini belirlemek için burayı ziyaret ediyor. "

— İlim Yolunu Yaşamak:
Bölüm 11 Geleceğe Hazırlanmak

"Açık bir gecede dışarı çıkın ve yukarı bakın. Kaderin orada. Zorluklarınız orada. Fırsatlarınız orada. Kefaretiniz orada. "

— Büyük Camia Maneviyatı:
Bölüm 15: İnsanlığa Kim Hizmet Eder?

"İlim ile güçlü olmadığı sürece, ileri bir ırkta daha yüce bir akıl ve mantık olduğunu asla varsaymamalısınız. Aslında, onlar da sizin kadar İlim'e karşı mesafeli olabilirler. Eski alışkanlıklar, ritüeller, yapılar ve otoriteler İlimin kanıtıyla sorgulanmalıdır. Bu nedenle Büyük Camia'da bile İlim adamı veya kadını kuvvetli bir güçtür. "

— İlime Giden Adımlar:
Üst Seviyeler

"Gelecekteki korkusuzluğunuz iddiadan değil, İlimdeki kesinliğinizden doğmalıdır. Bu şekilde, bir huzur sığınağı ve başkaları için bir zenginlik kaynağı olacaksınız. Olman gereken bu. Bu yüzden dünyaya geldiniz. "

— İlime Giden Adımlar:
Adım 162: Bugün korkmayacağım.

"Dünyada olmak kolay bir zaman değil, ancak katkı amacınız ve niyetinizse, dünyada olmanın tam zamanıdır. "

— Büyük Camia Maneviyatı:
Bölüm 11: Hazırlıklarınız Ne İçin?

"Görevinizi yerine getirebilmeniz için büyük müttefiklere sahip olmalısınız çünkü Tanrı bunu tek başınıza yapamayacağınızı biliyor. "

— Büyük Camia Maneviyatı:
Bölüm 12: Kiminle Tanışacaksınız?

"Yaratıcı, Büyük Camia için bir hazırlık yapmadan insanlığı terk etmezdi. Ve bunun için Büyük Camia İlim Yolu sunuluyor. O, evrenin Büyük İradesi'nden doğmuştur. Her yerde İlimin ortaya çıkmasına hizmet eden ve İlim'i her yerde somutlaştırabilecek ilişkileri geliştiren evrenin Melekleri aracılığıyla iletilir. Bu çalışma, sizi İlahi olana getirmek için değil, dünyanın size ihtiyacı olduğu için sizi dünyaya getirmek için dünyadaki İlahi Olan'ın eseridir. Bu yüzden buraya gönderildiniz. Bu yüzden gelmeyi seçtiniz. Ve dünyanın Büyük Camia'da ortaya çıkışına hizmet etmek ve onu desteklemek için gelmeyi seçtiniz, çünkü şu anda insanlığın en büyük ihtiyacı budur ve gelecek zamanlarda insanlığın tüm ihtiyaçlarını gölgede bırakacak. "

— Büyük Camia Maneviyatı:
Giriş

# YAZAR HAKKINDA

◆

Bugün dünyada çok az bilinmesine rağmen, Marshall Vian Summers nihayetinde yaşamımızda ortaya çıkan en önemli manevi öğretmen olarak kabul edilebilir. Yirmi yıldan fazla bir süredir, insanlığın geniş ve kalabalık bir evrende yaşadığı inkar edilemez gerçekliği kabul eden ve şimdi zeki yaşamın Büyük Camia'da ortaya çıkması için acilen hazırlanmaya ihtiyaç duyan bir maneviyatı sessizce yazıyor ve öğretiyor.

MV Summers, İlim disiplinini veya içsel bilişi öğretir. "En derin sezgimiz," diyor, "İlimin büyük gücünün dışsal bir ifadesidir." Kitapları İlime Giden Adımlar: İçsel Bilmenin Kitabı, Amerika Birleşik Devletleri'nde 2000 Yılı Maneviyat Ödülü ve Büyük Camia Maneviyatı: Yeni Bir Vahiy ödülü kazanan kitabı, birlikte ilk "İlahiyat Teolojisi İletişim." Tamamı, yirmi cilt kadar eserinden oluşuyor, sadece bir avuç dolusu, ancak şu anda Yeni İlim Kütüphanesi tarafından yayınlanıyor, modern tarihte ortaya çıkan en orijinal ve en gelişmiş ruhani öğretilerden bazılarını pekala temsil edebilir. Ayrıca, kar amacı gütmeyen dini bir kuruluş olan The Society for The Society for The Greater Community Way of Knowledge'nin kurucusudur.

İnsanlığın Müttefikleri ile Marshall Vian Summers, kişisel sorumluluk, hazırlık ve kolektif farkındalık çağrısında bulunarak, şu anda dünyada meydana gelen Müdahalenin gerçek doğası hakkında net bir uyarıda bulunan belki de ilk büyük ruhani öğretmen oldu. Hayatını, Yaradan'dan insanlığa bir armağan olan Büyük Camia İlim Yolunu almaya adadı. Tanrı'dan gelen bu Yeni Mesajı dünyaya getirmeye kararlıdır. Yeni Mesajı çevrimiçi olarak okumak için lütfen www.newmessage.org/tr adresini ziyaret edin.

# TOPLULUK
# (THE SOCIETY) HAKKINDA

◆

The Society for The Greater Community Way of Knowledge, dünyada büyük bir misyona sahiptir. İnsanlığın Müttefikleri Müdahale sorununu ve onun işaret ettiği her şeyi sundular. Bu ciddi meydan okumaya yanıt olarak, Büyük Camia İlim Yolu adı verilen manevi öğretide bir çözüm verilmiştir. Bu öğretim, kendi kaderini tayin hakkımızı sürdürmek ve daha geniş bir akıllı yaşam evreninde yükselen bir dünya olarak yerimizi başarıyla almak için insanlığın ihtiyaç duyacağı Büyük Camia perspektifini ve manevi hazırlığı sağlar.

The Society'nin misyonu, bu Yeni Mesajı insanlık için yayınları, internet siteleri, eğitim programları ve tefekkür hizmetleri ve inzivaları aracılığıyla sunmaktır. Topluluğun amacı, bugün dünyada Büyük Camia hazırlığına ilk öncülük edecek ve Müdahalenin etkisini dengelemeye başlayacak olan İlim sahibi erkek ve kadınları geliştirmektir. Bu erkekler ve kadınlar, insanlığın özgürlüğü mücadelesi yoğunlaştıkça dünyada İlim ve bilgeliği canlı tutmaktan sorumlu olacaklar. Dernek, 1992 yılında Marshall Vian Summers tarafından kar amacı gütmeyen dini bir kuruluş olarak kuruldu. Yıllar boyunca, bir grup kendini işine adamış öğrenci ona doğrudan yardımcı olmak için bir araya geliyor. Dernek, dünyaya yeni bir manevi farkındalık ve hazırlık getirmeye kararlı olan bu özverili öğrenciler çekirdeği tarafından desteklenmiş ve sürdürülmüştür.

Derneğin misyonu, çok daha fazla insanın desteğini ve katılımını gerektirir. Dünyanın durumunun ciddiyeti göz önüne alındığında, İlim ve hazırlık için acil bir ihtiyaç vardır. Bu nedenle Dernek, tarihimizdeki bu kritik dönüm noktasında dünyaya bu Yeni Mesajın armağanını vermemize yardımcı olmak için her yerde kadınları ve erkekleri çağırıyor.

Kâr amacı gütmeyen dini bir kuruluş olan Dernek, tamamen gönüllü faaliyetler, ondalıklar ve katkılarla desteklenmiştir. Bununla birlikte, dünyanın her yerinden insanlara ulaşma ve onları hazırlama ihtiyacının artması, The Society'nin misyonunu yerine getirme yeteneğini aşmaktadır. Katkılarınızla bu büyük görevin bir parçası olabilirsiniz. Müttefiklerin mesajını başkalarıyla paylaşın. Daha büyük bir akıllı yaşam arenasına çıkan tek bir insan ve tek bir dünya olduğumuz gerçeğinin farkındalığını artırmaya yardımcı olun. İlim Yolu'nun öğrencisi olun. Ve bu büyük girişim için hayırsever olacak bir konumdaysanız veya böyle birini tanıyorsanız, lütfen Dernek ile iletişime geçin. Müttefiklerin eleştirel mesajının dünya çapında yayılmasını mümkün kılmak ve insanlığın gidişatını değiştirmeye yardımcı olmak için şimdi katkınız gerekiyor.

◆

"Dünyada ihtiyaç duyulan,
dünyaya aktarılan ve çevrilen
bir şeyi, muazzam
büyüklükte bir şeyi
almanın eşiğinde
duruyorsunuz.

Bunu alacak ilkler arasındasın.

Bunu iyi alın. "

BÜYÜK CAMİA MANEVİYATI

THE SOCIETY FOR THE GREATER COMMUNITY WAY OF
KNOWLEDGE

P.O. Box 1724 • Boulder, CO 80306-1724

(303) 938-8401, fax (303) 938-1214

Society@newmessage.org

www.alliesofhumanity.org  www.newmessage.org

# TERCÜME SÜRECİ HAKKINDA

$E$lçi, Marshall Vian Summers, 1983'ten beri Tanrı'dan Yeni Bir Mesaj alıyor. Tanrı'dan Gelen Yeni Mesaj, şu anda küresel iletişim ve artan küresel farkındalığın okuryazar dünyasına verilen, insanlığa şimdiye kadar verilen en büyük Vahiydir. Tek bir kabile, bir millet veya tek bir din için değil, tüm dünyaya ulaşmak için verilir. Bu, mümkün olduğu kadar çok dile çeviri yapılmasını gerektirdi.

Vahiy süreci şimdi tarihte ilk kez ifşa ediliyor. Bu olağanüstü süreçte, Tanrı'nın Varlığı, dünyayı denetleyen Melekler Meclisi ile kelimelerin ötesinde iletişim kurar. Meclis daha sonra bu iletişimi insan diline çevirir ve sesi bu daha büyük Sese, Vahiyin Sesi için araç haline gelen Elçileri aracılığıyla tek bir kişi olarak konuşur. Sözcükler İngilizce olarak konuşulur ve doğrudan ses biçiminde kaydedilir, daha sonra yazıya dönüştürülür ve Yeni Mesajın metinlerinde ve ses kayıtlarında kullanılabilir hale getirilir. Bu şekilde, Tanrı'nın orijinal Mesajının saflığı korunur ve tüm insanlara verilebilir.

Yine de bir çeviri süreci var. Orijinal Vahiy İngilizce dilinde verildiğinden, bu, insanlığın birçok diline yapılan tüm çevirilerin temelini oluşturur. Dünyamızda konuşulan pek çok dil olduğu için, Yeni Mesajı her yerdeki insanlara ulaştırmak için çevirilere hayati derecede ihtiyaç vardır. Yeni Mesajın öğrencileri, Mesajı kendi ana dillerine çevirmek için gönüllü olmak için zamanla öne çıktı.

Tarihin bu döneminde, Dernek bu kadar çok dilde yapılan çeviriler için ve dünyaya kritik bir aciliyetle ulaşması gereken bir Mesaj olan bu kadar geniş bir Mesaj için ödeme yapamaz. Bunun ötesinde, Dernek, çevirmenlerimizin, çevrilenin özünü olabildiğince anlamasının ve deneyimlemesinin Yeni Mesajın öğrencileri olmasının önemli olduğuna inanmaktadır.

Yeni Mesajı dünya çapında paylaşmanın aciliyeti ve ihtiyacı göz önüne alındığında, Yeni Mesajın dünyaya erişimini genişletmek için daha fazla çeviri yardımını davet ediyoruz, Vahiy'in daha fazla çevirinin başladığı dillere getirilmesi ve yeni dillerin tanıtılması için. Zamanla bu çevirilerin kalitesini de iyileştirmeye çalışıyoruz. Hala yapılacak çok şey var.

# TANRI'DAN GELEN YENİ MESAJIN KİTAPLARI

*GOD HAS SPOKEN AGAIN (TANRI TEKRAR KONUŞTU)*

*THE ONE GOD (TEK TANRI)*

*THE NEW MESSENGER (YENI ELÇI)*

*THE GREATER COMMUNITY (BÜYÜK CAMIA)*

*THE JOURNEY TO A NEW LIFE (YENI YAŞAMA YOLCULUK)*

*THE POWER OF KNOWLEDGE (İLIMIN GÜCÜ)*

*THE NEW WORLD (YENI DÜNYA)*

*THE PURE RELIGION (SAF DIN)*

*PREPARING FOR THE GREATER COMMUNITY (BÜYÜK CAMIA'YA HAZIRLIK)*

*THE WORLDWIDE COMMUNITY OF THE NEW MESSAGE FROM GOD (TANRI'DAN GELEN YENI MESAJIN DÜNYA ÇAPINDAKI TOPLULUĞU)*

*GREATER COMMUNITY SPIRITUALITY (BÜYÜK CAMIA MANEVIYATI)*

*STEPS TO KNOWLEDGE (İLIME GIDEN ADIMLAR)*

*RELATIONSHIPS AND HIGHER PURPOSE (İLIŞKILER VE YÜCE AMAÇ)*

*LIVING THE WAY OF KNOWLEDGE (İLIM YOLUNU YAŞAMAK)*

*LIFE IN THE UNIVERSE (EVRENDE YAŞAM)*

*THE GREAT WAVES OF CHANGE (BÜYÜK DEĞIŞIM DALGALARI)*

*WISDOM FROM THE GREATER COMMUNITY I & II (BÜYÜK CAMIA'DAN BILGELIK 1&2)*

*SECRETS OF HEAVEN (CENNETIN SIRLARI)*

*THE ALLIES OF HUMANITY BOOKS ONE, TWO, THREE & FOUR (İNSANLIĞIN MÜTTEFIKLERI 1&2&3&4)*

www.ingramcontent.com/pod-product-compliance
Lightning Source LLC
Chambersburg PA
CBHW022022090426
42739CB00006BA/239

* 9 7 8 1 9 4 2 2 9 3 9 2 7 *